**안데르센**과 함께 하는
# 코펜하겐 산책

66

그냥 사는 것만으로는 충분하지 않습니다.
햇빛과 자유 그리고 작은 꽃이 있어야 합니다.

*Just living is not enough. one must have
sunshine, freedom, and a little flower.*

99

한스 크리스티안 안데르센

## 안데르센과 함께 하는
# 코펜하겐 산책

1판 1쇄 인쇄 2019년 5월 25일
1판 1쇄 발행 2019년 5월 30일

| | |
|---|---|
| 지은이 | 박용수 |
| 편집디자인 | 원기획앤프린팅 |
| 인쇄 | 원기획앤프린팅 |
| 제작위원 | 이상호, 이선희 |
| 펴낸이 | 박용수 |

| | |
|---|---|
| 펴낸곳 | 유비 |
| 등록출판 | 2007년 10월 8일(제2-4924호) |
| 주소 | 서울특별시 중구 신당6동 840번지 |
| 전화 | 02-991-1310(영업 담당 010-4213-1319) |
| 이메일 | youbemedia@naver.com |

책값은 뒤표지에 있습니다.
ISBN 978-89-960229-7-8
© 박용수 2019

※ 잘못된 책은 구입한 서점에서 바꾸어드립니다.
※ 이 책은 저작권법에 의해 보호받고 있습니다. 무단전제와 불법복제를 금하며,
어떤 형태의 재사용이든 저작권자와 도서출판 유비의 허락을 받아야 합니다.

**안데르센**과 함께 하는
## 코펜하겐 산책

 책머리에

　몇 년 전, 덴마크를 처음 방문했을 때의 일이다. 코펜하겐으로 가는 도중, 안데르센의 고향 오덴세에서 며칠 머물렀는데, 첫날 역사(驛舍)에 있는 편의점에 들렀다가 턱없이 높은 물가에 크게 놀란 적이 있었다.
　500㎖ 작은 생수 하나의 가격이 우리나라 돈 4,000원이 넘는 25크로네라니…… 생수뿐만이 아니었다. 여행 중에 찾게 되는 샌드위치와 머핀 등도 이웃나라보다 몇 배나 비싸서 당황하지 않을 수 없었다. 대체 이게 무슨 일이지? 인간에게 가장 필요한 물 값이 이토록 비싸다니…… 이렇게 하고서도 세계 제일의 복지국가, 국민 행복지수 1위의 국가라 할 수 있는 거야? 당혹스러움에 은근히 반감마저 일었는데, 아마 그때 1리터 생수를 단돈 몇 백 원에 구입할 수 있는 함부르크와 뤼베크 등 독일 북부의 여러 도시를 여행한 뒤에 유틀란트 반도에 들어섰기 때문에, 덴마크의 물가가 더더욱 터무니없게 느껴졌을지 모르겠다.
　사실 오덴세에 들어설 때까지, 나는 한껏 고무되어 있었다. 방금 지나온 풍경들이 독일 북부지방보다 한결 여유롭고 정결(淨潔)하며 평화스러웠기 때문이다. 하얀 빨래가 빨랫줄 위에 길게 걸린 초여름의 마당으로 들어선 것과 같은 느낌이었다고나 할까.
　그렇지만 예상을 뛰어넘는 덴마크의 물가에 적지 않은 충격을 받았으며, 결국 정신 바짝 차리지 않으면 자칫 낭패 볼 수도 있겠다, 라는 우울한 결론을 내리지 않을 수 없었던 것이다. 코펜하겐에 미처 발을 들여놓기도 전에 말이다.

## 코펜하겐은 보물섬 그 자체

그 몇 달 후, 나는 '낭패 당하기 쉬운 곳'으로 결론을 내렸던 덴마크를 다시 찾았다. 그리고 카메라와 지도를 들고서, 스트뢰에 거리를 비롯한 코펜하겐의 여러 거리와 뒷골목을 부지런히 쏘다니기 시작했다. 몇 년 째 준비해오던 런던 등에 관한 책들을 잠시 미루어둔 채 말이다.

그때 나는 왜 코펜하겐을 다시 찾았던 것일까. 무엇이 몇 년 동안 해오던 일을 중단케 하였으며, 낯선 일에 새로 뛰어들게 한 것일까. 내가 이 북유럽의 도시 코펜하겐에서 느꼈던 매력들은 과연 무엇이었으며, 나는 이 도시의 무엇에 대해 남들에게 이야기하고 싶어 하는가.

그 해답을 찾기 위해 나는 기회가 될 때마다 이 '북유럽 여행이 시작되는 도시' 코펜하겐을 찾았다. 하지만 몇 년이 지난 지금까지, 아직 만족스러운 해답을 얻지 못하고 있다.

처음 코펜하겐을 방문해 열흘 가까이 지내는 동안, 나는 달콤한 설렘에 젖어 있었다. 이 같은 가벼운 흥분상태는 평소에는 좀처럼 경험하기 힘든 것으로, 20여 년 전 파리를 처음 방문해 센 강변을 거닐면서 저녁노을에 붉게 물들어가는 노트르담 사원을 바라볼 때의 그 가슴 벅참 오름과 비슷했을 것이다. 그리고 프라하 구시가 광장으로 들어서서 포석(鋪石)을 밟고 틴 성모교회를 올려다보았을 때 가슴 위로 한 아름 쏟아져 내리는, 그 누군가에게 살아있음을 감사해야할 것 같은 황홀한 충만감과 같은 것이었을 것이다.

더구나 이 코펜하겐은, 파리와 프라하도 가지고 있지 못한 짙푸른 바다까지 가슴 한쪽에 안고 있지 않은가. 항구도시 코펜하겐은, 대양(大洋) 한가운데 떠있는 보물섬을 찾기 위해 출항하는 항구가 아니라, 어쩌면 찾고자 하는 그 보물섬과 같은 도시인지 모르겠다.

### '한스와 쇠렌의 도시', 코펜하겐

코펜하겐은 오래 전부터 화려한 수식어로 장식된 찬사(讚辭)를 들어온 도시이다. 일찍부터 스칸디나비아 반도와 유럽 대륙을 연결하는 역할을 해서 '북유럽의 관문'(關門)이라 불렸으며, 아름다운 도시 풍경 때문에 '북구(北歐)의 파리', '북유럽의 베니스' 등의 자랑스러운 애칭도 갖고 있다. 최근에는 '세상에서 가장 걷기 좋은 도시'라는 많은 함의(含意)가 담긴 멋진 이름을 갖고 있기도 하다.

또한 코펜하겐은, '한스와 쇠렌의 도시'라는 별칭(別稱)으로 불리기도 한다. 세계적인 동화작가 한스 크리스티안 안데르센과 실존주의 철학의 선구자 쇠렌 키에르케고르를 가리키는 말인데, 인류문화 발전에 큰 기여를 한 두 인물을 배출한 덴마크의 긍지와 자부심이 잘 드러난 표현이라 할 수 있겠다.

'동화의 아버지' 안데르센은, 코펜하겐을 상징하는 대표적인 인물이다. 코펜하겐에서 태어나지는 않았지만, 1819년 14살의 어린 나이에 연극배우로 성공하기 위해 무작정 상경하였으며, 그 후 반세기 넘게 이 도시에서 거주하며 활동하다가 1875년 70세의 나이로 세상을 떠났다.

특히 안데르센은, 처음 상경해서 몇 년 동안 경제적인 도움을 받기 위해 낯선 사람의 집 대문을 '부지런히 두드려야 했던' 불우한 시기를 보내야 했다. 이 때문에 뉘하운을 비롯해서 코펜하겐의 거리와 골목 곳곳에는 그와 관련된 수많은 일화와 이야기들이 전해져 오고 있다. 그만큼 코펜하겐은 안데르센에게 각별한 의미를 갖고 있던 도시였던 것이다.

안데르센은 〈인어 공주〉, 〈미운 오리 새끼〉, 〈성냥팔이 소녀〉 등의 명작 동화를 비롯해서 평생 동안 모두 168편의 동화를 발표하였다. 그리고 시, 소설, 희곡은 물론 5권의 여행기와 3권의 자서전 등에 이르기까지 200편 넘는 작품을 창작하였다.

이들 작품에는 안데르센이 반세기 넘게 보낸 이 도시에서의 삶이 고스란히 담겨져 있음은 물론이다. 따라서 코펜하겐의 과거와 현재를 심층적으로 이해할 수 있는 방법의 하나가, 바로 안데르센이 남긴 자취를 찾아 이 도시를 되돌아보는 것이라 할 수 있다. 이 〈안데르센과 함께

하는 코펜하겐 산책〉은 이 같은 생각을 바탕으로 집필을 시도하게 된 것이다.

　더욱이 지금의 코펜하겐은 안데르센이 활동하던 19세기의 모습과 크게 다르지 않다. 특히 인드레 뷔*Indre By*라 불리는 코펜하겐 중심가는 당시와 비교해서 큰 차이가 없다고 한다. 거리 이름이나 주소 등이 다소 달라졌을 뿐, 대체로 1795년 코펜하겐 대화재 이후의 옛 모습을 거의 그대로 유지하고 있다고 할 수 있다. 심지어 1819년 14살의 어린 나이에 상경한 무일푼의 안데르센이 이 도시에서 처음 묵었던 싸구려 여인숙 건물과 안데르센이 공부했던 지방도시 슬라겔세와 헬싱외르의 학교들도 옛 모습을 크게 잃지 않은 채 제자리를 지키고 있다.

### 코펜하겐의 이 거리 저 골목

　〈안데르센과 함께하는 코펜하겐 산책〉은, 크게 '코펜하겐에서 만난 안데르센'과 '코펜하겐 거리에서', 두 개의 큰 분류로 구성되어 있다. 앞의 '코펜하겐에서 만난 안데르센'은, 안데르센이 이 도시에 남긴 흔적과 발자취를 통해 코펜하겐의 과거와 현재를 심층적으로 살펴보는 내용이다. 이를 위해 안데르센의 삶과 문학에 대한 연구를 비롯해서, 덴마크의 역사 문화 등 다양한 분야에 대한 이해와 지식이 무엇보다 필요했음은 물론이다. 독자들은 안데르센의 삶과 문학을 통해서, 자연스럽게 코펜하겐의 속살을 들여다보고 코펜하겐의 진면목과 마주할 수 있을 것이다.

그리고 '코펜하겐 거리에서'는 〈코펜하겐에서 새벽산책을〉과 〈뉘하운 이야기〉 2개의 글을 수록했다. 안데르센의 삶을 폭넓게 이해하는 것은 물론, 코펜하겐 특유의 북유럽 문화를 이해하는 데에 도움이 되기를 기대한다.

여행은, 안데르센의 삶과 문학에 있어서 무척 중요한 의미를 차지하고 있다. 실제로 '19세기 최고의 여행가' 중의 한 사람이라 할 만큼, 몇 개월씩 소요되는 해외여행을 평생 29번이나 하였다. 이 책에서는 그에게 외국여행이 어떤 의미를 갖고 있었는지를 충실히 설명하려고 노력했다.

### 평생 1819년 9월 6일을 자축해

〈안데르센과 함께하는 코펜하겐 산책〉을 집필할 당시, 다행히 자서전을 비롯해서 평전과 작품집 등 안데르센 관한 주요 도서 대부분이 번역되어 국내에 소개되어 있었다. 이 때문에 덴마크어를 모르는 필자로서는 많은 수고를 덜었으며 시간도 절약할 수 있었다. 또한 구글 맵과 인터넷 블로그의 다양한 현지정보도 좋은 참고가 되었다. 이처럼 많은 분들의 도움이 없었다면, 필자에게는 이 〈코펜하겐 산책〉의 집필이, 달콤한 설렘으로 가득한 즐거운 산책길이 아니라, 매우 고달프고 벅찬 고생길이 되었을지 모른다.

　덴마크어의 한글 표기는, 현재 다소의 혼란을 보이고 있다. 예를 들면 덴마크 근대문학의 창시자로 불리는 극작가 Ludvig Holberg의 경우, 책에 따라 각각 다르게 '루드비히 홀베르' 혹은 '루드비히 홀베르그' 등으로 표기하고 있는 경우가 많다. 혼란을 방지하기 위해, 이 책에서는 국립국어연구원의 외래어 표기법을 기준으로 삼아, ig와 berg의 g는 표기하지 않는다는 외래어 표기법에 따라 '루드비 홀베르'라 적고자 한다.

　그리고 안데르센의 작품 이름에 대해서도 책마다 달리 표기하고 있는 경우가 쉽게 발견된다. 1837년에 발표된 소설 〈Kun en Spillemand〉에 대해, 현재 〈어느 바이올리니스트〉, 〈가여운 바이올린 연주자〉, 〈슬픈 바이올리니스트〉, 〈가난한 바이올리니스트〉 등 각각 다르게 적고 있다. 원래의 의미로 하면 '외로운 바이올리니스트'가 옳을 듯싶으나 〈어느 바이올리니스트〉로 적어 가능한 한 표기상의 통일을 꾀하였다.

　덴마크의 인명과 지명 등은 가능하면 덴마크어로 표기하였다. 영어로 널리 알려져 있는 경우, 독자의 편의를 위해 영어로 표기하거나 또는 두 나라의 언어로 나란히 적어놓기도 했다.


　14살 소년 안데르센이 고향 오덴세를 떠나 코펜하겐에 도착한 것은 1819년 9월 6일이었다. 그는 이 날을 자신의 두 번째 생일로 삼아, 평생 동안 기념하였다고 한다. 그만큼 어린 시절에 시도한 무작정 상경은, 그의 삶 전체를 통째로 바꾸는 일대 전환점이었던 것이다. 마찬가지로 독자 여러분들도, '여행을 여행이게끔 만드는 도시' 이 코펜하겐에서 평생 기념해야 할 소중한 추억들을 각자의 가슴 속에 간직하기를 바란다.

　이 〈안데르센과 함께하는 코펜하겐 산책〉을 '더없이 좋은 여행 친구' 아내에게 바친다. 아내는 결혼 전부터 무거운 배낭과 카메라 삼각대를 지키고 서서, 사진촬영에 몰두하는 내 뒷모습을 묵묵히 지켜봐왔다. 지난 수십 년 동안 뒷모습을 지켜봐준 든든한 시선이 있었기에, 나는 그만큼 앞에 펼쳐진 나의 작업에 집중할 수 있었다.

2019년 3월 27일

박 용 수

## 차례
contents

책머리에 —————————————— 06

• PART 1 •
## 코펜하겐에서 만난 안데르센

| 01 | 14세 소년의 무작정 상경 ————— | 18 |
| 02 | '상인(商人)의 항구' 코펜하겐 ———— | 24 |
| 03 | 14세 소년의 꿈 ——————————— | 39 |
| 04 | 구두 수선공의 아들 ——————— | 66 |
| 05 | 코펜하겐의 문을 두드리다 ———— | 77 |
| 06 | 늦깎이 학생 ———————————— | 98 |
| 07 | 다시 코펜하겐 앞에 서다 ————— | 117 |
| 08 | 작가로 향하는 길 ————————— | 130 |

| 09 | 동화작가로 거듭나다 | 152 |
| 10 | '코펜하겐의 맑은 영혼' 키에르케고르 | 167 |
| 11 | 영원한 디바, 예니 린드 | 174 |
| 12 | 안데르센, 불멸의 동화작가 되다 | 188 |
| 13 | 어린이의 영원한 친구, 안데르센 | 204 |

· PART 2 ·
# 코펜하겐 거리에서

· 코펜하겐에서 새벽산책을 ——— 220
· 뉘하운 이야기 ——— 255

## 참고한 자료 ——— 280

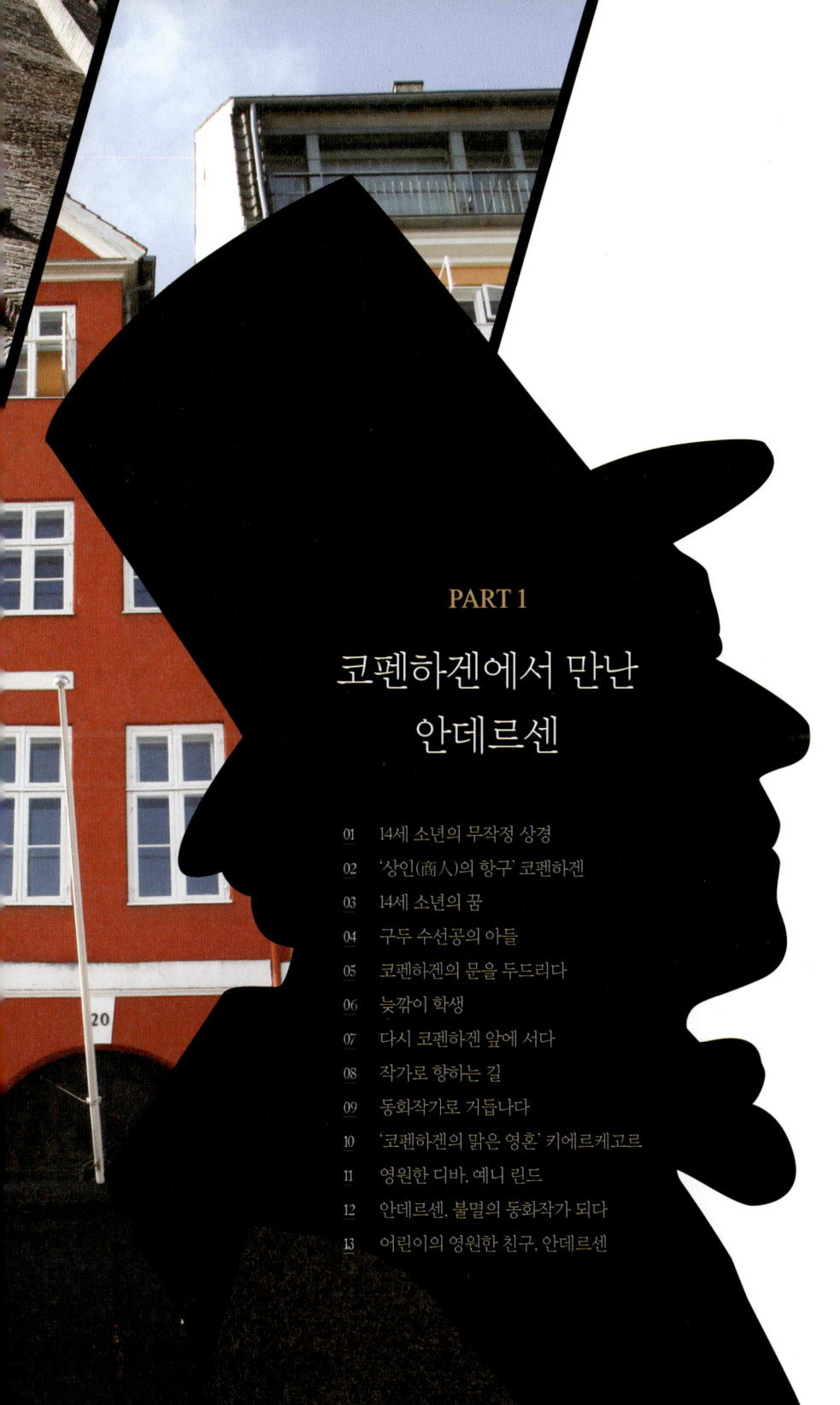

# PART 1
# 코펜하겐에서 만난 안데르센

01  14세 소년의 무작정 상경
02  '상인(商人)의 항구' 코펜하겐
03  14세 소년의 꿈
04  구두 수선공의 아들
05  코펜하겐의 문을 두드리다
06  늦깎이 학생
07  다시 코펜하겐 앞에 서다
08  작가로 향하는 길
09  동화작가로 거듭나다
10  '코펜하겐의 맑은 영혼' 키에르케고르
11  영원한 디바, 예니 린드
12  안데르센, 불멸의 동화작가 되다
13  어린이의 영원한 친구, 안데르센

## 01

# 14세 소년의 무작정 상경

1819년 9월 6일, 낡은 우편마차 한 대가 코펜하겐 외곽 로스킬레바이 *Roskildevej* 거리를 힘들게 올라와 멈췄다. 멀리 길 건너편에 프레데릭스베르 궁전 *Frederiksberg Slot* 과 나무가 울창한 푸른 숲이 보였다.

잠시 뒤 한 소년이 마차에서 내려섰다. 허름한 옷차림에 낡은 신발을 신고 있고 손에는 작은 보따리 하나를 들고 있었다. 14살의 나이치고는 키가 훤칠하게 큰 편이었지만, 깡마른 체격에 팔다리가 유난히 길어서 어딘가 부자연스러워 보였다.

### 14살 소년의 무작정 상경

소년의 이름은 한스 크리스티안 안데르센 *Hans Christian Andersen*, 1805~1875년. 〈인어 공주〉, 〈벌거벗은 임금님〉, 〈미운 오리 새끼〉, 〈눈의 여왕〉, 〈성냥팔이 소녀〉 등의 뛰어난 명작 동화를 발표해서 전 세계 어린이들로부터 '동화의 아버지'라는 찬사를 받게 되는 바로 그 인물이다.

소년의 원래 목적지는 코펜하겐 시내였다. 하지만 여비가 넉넉하지 않았던 그는, 고향 오덴세를 떠날 때에 마부에게 간청해서, 서쪽 성문 밖 베스테르포르트Vesterport 바로 전인 이곳까지 3릭스달러의 운임만을 내고 마차를 타기로 했던 것이다. 시내까지 나머지 3킬로미터 정도의 거리는 걸어갈 작정이었다.

마차가 떠난 뒤, 소년은 지친 몸을 이끌고 앞에 보이는 프레데릭스베르 공원 쪽으로 걸어갔다. 이곳에 이르기까지 무척 힘들고 고단한 여행을 해야 했다.

소년은 9월 4일 오후 고향 오덴세를 출발했다. 마차를 타고 항구 뉘보르Nyborg에 도착해서 이곳에서 배를 타고 파도 거친 스토레벨트Storebælt 해협을 힘들게 건넌 뒤, 다음날 셸란Sjaelland 섬의 항구도시 코르쇠르Korsør에 닿았다. 그리고 코르쇠르에서 다시 흔들리는 마차를 타고 밤새 시달린 끝에, 아침에 이르러서야 코펜하겐의 서쪽 관문에 도착할 수 있었던 것이다. 스토레벨트 해협은 흔히 지도에 영어로 Great Belt라 표기되어 있는데, 현재 이곳에는 덴마크 역사상 가장 큰 공사의 하나로 평가되는, 셸란 섬과 퓐 섬을 잇는 스토레벨트 다리가 개통되어 있다.

소년 안데르센의 꿈은 연극배우가 되는 것이었다. 그가 처음으로 연극을 본 것은 7살 때 아버지와 함께 오덴세 극장에서였다. 이때 연극에 흠뻑 매료되었으며, 이후부터 혼자 연극 대사를 낭송하는 것은 물론 노래와 춤 등을 열심히 익히기 시작했다.

1818년 왕립극단이 오덴세에서 공연한 적이 있었다. 우연한 기회에 소년은 단역으로 출연하게 되었는데, 이를 계기로 정식 연극배우가 되기로 결심했다. 그리고 배우로 성공하기 위해서는 먼저 왕립극단의 단

**한스 크리스티안 안데르센**
'동화의 아버지'라 불리는 덴마크 출신의 동화작가. 168편의 걸작 동화를 발표해
현대 아동문학의 기초를 이룩했다.

원이 되어야 하며, 이를 위해서는 왕립극단이 있는 코펜하겐에 가야한 다는 생각에까지 이르게 되었다.

결국 안데르센은 왕립극단이 있는 수도 코펜하겐으로 무작정 올라가기로 결심했다. 그렇지만 당시 그는 집안 형편이 어려워 무일푼의 처량한 신세였다. 그리고 의지할 곳도 없어서 남의 공장에서 견습공으로 일하며 근근이 생활을 이어나가고 있었다.

마침내 소년은 스스로 경비를 마련하기로 결심했다. 오덴세의 부잣집들을 방문해 노래와 춤 등을 보여주고는 돈을 받기 시작했다. 그리고 1년 가까이 억척같이 저축을 하자 13릭스달러나 되었다. 당시 숙련공이 두어 달 일해야 벌 수 있는 적지 않는 돈이었다.

### 프레데릭 6세의 여름별장

14세 소년은 늦여름의 따가운 햇볕을 피해 나무 그늘 아래에 자리를 잡았다. 몹시 허기지고 지쳐 있었지만, 처음 와보는 대도시이기에 눈앞에 펼쳐지는 모든 게 놀랍고 신기할 뿐이었다.

프레데릭스베르 공원 *Frederiksberg Have*은 17세가 말인 1699년에 프레데릭 4세 *Frederick IV, 1671~1730*가 여름 별궁으로 사용할 궁전을 건축하면서 함께 조성한 곳이다. 완공될 당시에는 궁전 앞에 화려하게 꾸민 드넓은 정원이 자리 잡았으나, 19세기 초에 당시 유행에 따라 잔디와 호수, 파빌리온 등 다채로운 시설을 갖춘 영국식 정원으로 바뀌었다. 중국식 정자 등 당시의 시설물 중 일부는 지금도 전해지고 있다. 당시 국왕이었던 프레데릭 6세 *Frederick VI, 1768~1839*는 이 공원을 좋아해서 자주 방문하였다고 한다.

짙푸른 나무 사이로 항구도시 코펜하겐의 모습이 보였다. 멀리 바다가 시야에 들어오자, 소년은 벌떡 일어났다. 그리고는 빠른 걸음으로 라임 나무가 길게 늘어선 프레데릭스베르 알레*Frederiksberg Allé*를 따라 내려가기 시작했다. 한동안 걸어가니 길은 점차 넓어지면서 오늘날의 베스테르브로가데*Vesterbrogade*로 이어졌다.

마침내 높은 성벽으로 둘러싸인 거대한 성문이 모습을 드러냈다. 코펜하겐의 서쪽 관문인 베스테르포르트*Vesterport*였다. 그 성문 너머에는, 70살의 나이로 생애를 마칠 때까지, 세상의 편견과 오만, 질시 등을 이겨내며 자신의 꿈을 활짝 펼쳐나갈 도시가 자리 잡고 있었다.

소년 안데르센은 달리듯 성문으로 다가갔다. 마침내 코펜하겐에 도착한 것이다.

**프레데릭스베르 공원**
코펜하겐 서쪽 외곽에 위치하고 있다. 17세기 말에 프레데릭 4세가 여름 별궁을 지을 때에 조성한 곳으로, 당시에 만들어진 중국식 정자가 오른쪽에 보인다.

## 02

# '상인(商人)의 항구', 코펜하겐

북유럽 최대의 도시 코펜하겐은, 흔히 '북유럽의 관문'(關門)이라 불리고 있다. 일찍부터 유럽 대륙과 스칸디나비아 반도를 연결하는 항구도시로서의 역할을 해왔기 때문이다. 따라서 코펜하겐은 북유럽 여행이 '시작되는' 곳인 동시에, 북유럽 여행을 '마무리 짓는' 도시이기도 하다.

### 1천 년 역사의 유서 깊은 도시

코펜하겐은, 덴마크에서 가장 큰 섬인 셸란 섬의 북동쪽에 위치하고 있다. 일찍부터 국제적인 무역항으로서 중요한 역할을 해왔는데, 덴마크어로 쾨벤하운 *København*이라 표기하고 있다. 덴마크어 쾨베 *Købe*는 영어로 Buy 등을 뜻해서, '물건을 거래하는 항구' 혹은 '상인(商人)의 항구' 등으로 풀이할 수 있다. 이처럼 코펜하겐은 오래 전부터 많은 사람들이 모여 온갖 물건을 사고파는, 상공업과 무역이 왕성하게 발달했던 곳이다.

또한 코펜하겐은 1천 년 가까운 오랜 역사를 가진 유서 깊은 도시이다. 11세기 경 북해 일대를 지배하던 크누트 대왕 *Cnut the Great*과 그의 아버지인 스웨인 포크비어 *Sweyn Forkbeard* 때에 이미 배가 드나들고 있었다. 그리고 1043년에 항구라는 뜻을 가진 하운 *Havn* 또는 하프니아 *Hafnia* 등이 적힌 기록이 전해지고 있어서, 1천 년 넘게 항구의 기능을 해왔다는 사실을 알 수 있다.

코펜하겐이 역사 속에 뚜렷이 모습을 드러내기 시작한 것은 12세기경이다. 12세기 말인 1167년, 당시 덴마크의 수도 로스킬레의 대주교 압살론이 도시 둘레에 높은 성벽을 쌓고 그 주위에 해자(垓字, 적의 침입을 막기 위해 성 주위에 만든 못)를 둘러 요새화하였다. 그리고 슬로츠홀멘 *Slotsholmen* 섬에 오늘날 '코펜하겐의 발상지'라 불리는 크리스티안보르 궁전 *Christiansborg Slot* 등을 건설하였다. 현재 이곳은 국회의사당 건물로 이용되고 있으며 여왕의 알현(謁見) 등 공식적인 행사를 위한 장소로도 사용되고 있다.

### 대주교 압살론과 크리스티안 4세

대주교 압살론 Absalon, 1128~1201은 뛰어난 정치가이자 군 지휘관이었다. 그는 발데마르 1세 *Valdemar I of Denmark, 1131~1182*의 친구로서, 탁월한 능력으로 군대를 지휘해서 발데마르 왕조의 왕권을 굳건히 확립하였다. 이밖에 여러 분야에서 12세기 덴마크의 재건에 중요한 역할을 하여, 오늘날 덴마크를 부흥시킨 '조국의 아버지'라 일컬어지고 있다.

또한 압살론 주교는 코펜하겐의 발전에도 큰 기여를 한 인물이다.

**코펜하겐 전경**
원형탑 룬데토른에서 내려다본 코펜하겐 시내. 왼쪽의 성 니콜라스 교회 등 도시의 남동쪽이 한눈에 들어온다.

앞 바다를 지나가는 배에게 세금을 징수할 수 있는 권한을 주어, 코펜하겐이 교역의 중심지로 도약하는 데에 중요한 계기를 만들었던 것이다. 도시 이름을 '상인의 항구'라는 의미의 코펜하겐이라 이름 지은 인물이기도 하다.

이 때문에 시내 곳곳에는 압살론의 공적을 기리는 동상 등 각종 기념물이 세워져 있다. 시청사 건물 전면의 중앙 상단에는 금칠을 한 그의 황금상이 세워져 있는데, 대주교로서 성직자의 모습을 하고 있다. 이에 반해서 시내 호이브로 광장 Højbro Plads에 있는 그의 청동 기마상은 오른손에 도끼를 쥔 군 지휘관의 모습을 하고 있다. 높은 지위의 성직자이면서 한편으로는 뛰어난 군 지휘관이었던 이력 때문이다.

1443년 코펜하겐은 로스킬레 Roskilde의 뒤를 이어 덴마크의 수도가 되었다. 이후 왕이 거처하는 왕궁을 비롯해 각종 관공서가 이 도시에 자리 잡으면서, 무역과 상공업의 중심지에서 행정과 정치, 경제, 문화 등을 포함한 복합적인 도시 기능을 하게 되었다.

코펜하겐은 특히 16세기 말에 이르러 발전하기 시작했다. 이 무렵부터 북유럽 제일의 정치와 경제, 문화, 예술의 중심적인 도시로 부상하였는데, 그 중심에 강력한 지도력과 열정을 가진 크리스티안 4세가 있었다.

크리스티안 4세 Christian IV, 1577~1648는 덴마크 역사에서 탁월한 능력을 가진 군주로 평가되어온 인물이다. 그는 군사력 증강에 힘을 기울여 강력한 함대를 구축하였으며, 동인도 회사를 설립하는 등 중상주의(重商主義) 정책을 실시하였다. 그리고 무역과 상공업을 진흥시키고 광산 등을 개발해서, 덴마크의 경제를 발전시켰다.

또한 그는 코펜하겐을 대대적으로 새롭게 정비한 인물로도 널리 알려져 있다. 18세기 초까지 덴마크 왕실의 주된 거처였던 로센보르 성 *Rosenborg Slot*을 비롯해서, 덴마크 북부 힐레뢰드*Hillerød*의 프레데릭스보르 성*Frederiksborg Slot*, 슬로츠홀멘 섬의 동쪽 끝에 위치한 네덜란드 르네상스 양식의 구 증권거래소 건물 뵈르센*Børsen* 등 오늘날 전해지는 중요한 건물 대부분을 세웠다. 그리고 수도 주위의 성벽을 대대적으로 보수하였으며, 네덜란드의 항구를 본떠 슬로츠홀멘 섬 주변의 운하를 새롭게 구축해서 오늘날 우리가 볼 수 있는 코펜하겐의 대체적인 윤곽을 만들었던 것이다.

한편 크리스티안 4세는 음악과 미술 등 예술 분야에도 깊은 관심

**압살론 주교**
뛰어난 정치가이자 군 지휘관으로, 코펜하겐의 발전에 큰 기여를 하였다. 도시 이름을 '상인의 항구'라는 뜻의
코펜하겐이라 지은 인물이기도 하다.

을 갖고 있었다. 이에 따라 북유럽과 독일 등 여러 나라의 뛰어난 예술가들이 이 코펜하겐에 몰려들어 활발하게 교류함으로써, 한때 북유럽 제일의 문화예술 중심지로 부상하였던 것이다.

### 나폴레옹 전쟁 이후 국력 약해져

하지만 덴마크의 국제적인 위상은, 19세기 초 나폴레옹 전쟁 등을 거치면서 점차 약화되기 시작했다. 이 전쟁에서 패배하면서 북해 일대를 지배하던 코펜하겐의 해상권은 함부르크와 브레멘 등 독일 북부의 큰 도시에 넘어갔던 것이다. 특히 1814년에 노르웨이를 스웨덴에게 넘겨주면서, 4세기에 걸친 노르웨이 지배에 마침표를 찍고 말았다. 이후 덴마크의 국력은 크게 위축되었으며, 덴마크 왕실은 국민들로부터 신뢰를 잃게 되었다.

안데르센은 크리스티안 7세 *Christian VII, 1749~1808*가 절대군주로서 군림하던 1805년에 태어났다. 그리고 코펜하겐에 처음 발을 들여놓은 1819년에는 프레데릭 6세 *Frederick VI, 1768~1839*가 왕위를 차지하고 있었다.

덴마크 역사에 따르면, 1819년은 영국에서 제작한 덴마크 최초의 증기선 칼레도니아 *SS Caledonia*호가 우편물 운송을 위해 코펜하겐과 독일 북부지방의 킬 사이를 운행하기 시작했던 해로 기록하고 있다. 코펜하겐과 로스킬레 사이의 기차가 개통되어 덴마크 철도역사가 시작된 것은 수십 년 뒤인 1847년이었다.

프레데릭 6세는 마흔 살이던 1808년에 왕위에 올랐다. 하지만 실제 권력은 정신질환에 시달리던 아버지 크리스티안 7세 때부터 삼촌 등 주변인물들이 장악하고 있었다. 이처럼 왕권이 불안정한 탓에 1814년 나폴

**코펜하겐 시청**
1905년에 건립된 코펜하겐의 시청이다. 건물 상단 가운데에는 그 유명한 압살론 주교의 황금상이 자리잡고 있다.

레옹 전쟁에서 패배할 수밖에 없었으며, 이후 덴마크의 국력은 점차 약화되고 말았다.

### 견고한 성곽도시, 코펜하겐

안데르센이 활동하던 당시, 코펜하겐은 과연 어떤 모습을 하고 있었을까.

19세기 초, 코펜하겐은 수백 년 된 높은 성곽(城郭)에 의해 둘러싸여 있었다. 그 성에는 베스테르포르트 *Vesterport*, 뇌레포르트 *Nørreport*, 외스테르포르트 *Østerport* 등 동서남북 네 개의 성문이 있었다. 덴마크어로, 'Port'는 문, 성문 등을 뜻하며, Vester는 West, Nørre는 North, Øster는 East를 의미한다. 그러니까 Østerport의 경우 영어로 표현하면 East Gate라고 할 수 있겠다.

성의 둘레에는 못을 파서 해자를 만들고, 그 위에 다리를 놓아 사람과 물자의 출입을 통제하였다. 그리고 자정이 되면 네 개의 성문은 굳게 잠겼다. 이처럼 당시 코펜하겐은 엄격하게 통제되던 '견고한 요새'(要塞)였으며, 성벽으로 둘러싸인 '성곽 도시'였던 것이다.

이를 지리적으로 설명하면, 남쪽으로는 슬로츠홀멘 섬과 서쪽으로는 베스테르 볼가데 *Vester Voldgade* 거리, 북쪽으로는 뇌레 볼가데 *Nørre Voldgade* 거리와 외스테르 볼가데 *Øster Voldgade* 거리, 동쪽으로는 크리스티안 하운 *Christianshavn* 등으로 둘러싸인 지역이다. 관련 자료에서는 당시 성 안의 면적이 2제곱킬로미터 정도였다고 설명하고 있다.

19세기 중엽에 이르러, 코펜하겐은 국제정세의 급격한 소용돌이 속에서 커다란 변화를 맞게 되었다. 프랑스 등 유럽 일대에 절대군주제가 붕괴되면서, 이에 영향을 받아 1849년 프레데릭 7세*Frederick VII, 1808~1863*는 왕정을 포기하고 자유주의 헌법을 받아들여 입헌군주제를 수립하였다. 이에 따라 1850년대 초에 이르러 절대왕정을 상징하던 거대한 성벽이 허물어지고, 대신 그 자리에 많은 사람들이 왕래할 수 있는 넓은 도로들이 건설되기 시작했던 것이다.

도로체계가 바뀌면서 새로운 직선도로와 넓은 거리들이 새로 모습을 드러냈다. 도로가 확장되고 세분화되면서, 성문이 있던 지점에서 넓게 뻗어나간 베스테르 볼가데 등의 새로운 거리가 생겨났으며, 성문이 있던 일대의 행정구역을 가리키는 베스테르브로*Vesterbro*, 뇌레브로*Nørrebro*, 외스테르브로*Østerbro* 등의 지명이 새롭게 자리 잡기 시작했던 것이다.

코펜하겐에는 '인드레 뷔'*Indre By* 라는 지명이 있다. 코펜하겐의 중심부를 가리키는 행정구역으로, 영어식 표현으로는 이너 시티*Inner City*라 할 수 있다. 덴마크에서는 코펜하겐의 중심을 뜻하는 의미에서 흔히 'K'라 표기하기도 한다. 현재 인드레 뷔의 면적은 4.65제곱킬로미터에 달한다. 따라서 옛날 성곽으로 둘러싸인 코펜하겐 성 안의 면적은, 지금의 시 중심지를 가리키는 인드레 뷔에 비해 절반 정도에 불과했던 것이다. 실제로 넓은 면적을 차지하는 크리스티안하운 지역을 비롯해서 코펜하겐 시청사와 티볼리 공원 등은, 지금은 인드레 뷔 안에 속해 있지만 옛날에는 성문 밖에 위치하고 있었다.

### 150년 전과 크게 달라진 것 없어

놀라운 사실은 지금의 코펜하겐 중심지의 모습이 안데르센 때인

19세기와 비교해 크게 다르지 않다는 사실이다. 울리히 존넨베르크의 책에서도

"옛 성벽 안쪽의 도시 경관은 150년 전의 모습과 결정적으로 달라진 것이 없다. 도시의 구역은 이미 17세기와 18세기에 크리스티안 4세와 프레데릭 5세가 확장해 결정했다"

라고 설명하고 있다.

최근의 통계에 의하면, 인드레 뷔 안에는 2만 6천 명이 조금 넘는 주민이 거주하고 있다. 관련 자료에 따르면, 1840년 당시의 코펜하겐의 인구가 12만 명 전후였다고 한다. 따라서 안데르센이 활동할 당시에는, 지금보다 인구밀도 10배가 넘는 수많은 사람들이 이 좁은 도시공간 속에서 뒤엉켜 살아가고 있었던 것이다.

이 때문에 당시 코펜하겐은, 심각한 문제를 안고 있었다. 주거공간이 협소한 것은 물론, 도로 시설이 뒤떨어지고 상하수도 시설이 지극히 불량하였던 것이다. 이 때문에 많은 비라도 내리게 되면 보행에 심각한 지장을 줄 정도로, 진흙과 오물이 거리 위로 넘쳐나기 일쑤였다.

특히 공중위생 상태가 몹시 열악했다. 음식 쓰레기가 시내 곳곳에 함부로 쌓여 있는 것은 물론, 끔찍한 악취가 풍기고 시궁쥐와 날파리가 들끓곤 했는데, 1853년에는 콜레라가 만연해서 5천여 명의 시민이 목숨을 잃기도 했다. 코펜하겐에 하수도 시설이 본격적으로 건설되기 시작한 것은 1857년 이후의 일이었다.

안데르센 역시 19세기 당시의 지나친 인구집중에 대해 심각한 우려를 나타내고 있다. 울리히 존넨베르크의 책에서 재인용하면, 그는 당시의 혼잡한 코펜하겐에 대해서

**코펜하겐 시청 광장의 표석**
코펜하겐과 각 주요 도시의 거리를 나타낸 표석이다. 왼쪽의 세 개의 타워는
코펜하겐을, 오른쪽 사자 세 마리는 덴마크를 나타내는 문장(紋章)이 새겨져 있다.

"길을 쉽게 잃어버리곤 하는 이 거대한 도시 안에 어쩌면 이다지도 포개질 정도로 사람들을 몰아넣은 건지 도무지 알 수 없었다."
라고 회고하였다. 따라서 코펜하겐은 19세기 초에 이미 주거환경과 공중위생 등에 심각한 문제가 일어날 만큼 수많은 사람들로 넘쳐나고 있었으며, 번잡하고 혼란스러운 대도시의 부정적인 모습을 갖고 있었다는 사실을 알 수 있다.

의지할 데 없는 14살의 무일푼 소년 안데르센. 그는 과연 어떻게 '사람이 포개질 정도로 몰아넣은' 이 혼잡스럽고 험난한 도시를 헤쳐 나갔던 것일까.

03

# 14세 소년의 꿈

무작정 상경한 안데르센은 서쪽 성문인 베스테르포르트를 통해 도시 안으로 들어갔다. 마침내 꿈에 그리던 코펜하겐에 발을 들여놓게 된 것이다.

베스테르포르트는 지금의 시청 앞 광장의 북쪽 끝, 베스테르 볼가데와 베스테르가데가 만나는 지점 일대에 위치하고 있었다. 현재 덴마크 유력 일간지 중의 하나인 〈폴리티켄〉*Politiken* 건물 주변이다.

소년은 마차를 같이 타고온 이가 일러준 대로 성문 근처의 싸구려 여인숙을 찾아가 방을 구했다. 당시 그의 수중에는 10릭스달러가 남아 있었다.

### 베스테르가데 18번지의 여인숙

놀랍게도 당시 안데르센이 묵었던 여인숙은, 그 원형을 크게 잃지 않은 채 현재에도 남아 있다. 오늘날의 주소로는 베스테르가데 *Vestergade*

**가르데르고덴 여인숙**
14살 소년 안데르센이 무작정 상경해 처음 묵었던 여인숙이다. 18세기 말부터 19세기 말까지 100년 넘게 숙박업을 했던 것으로 보인다.

18번지. 낡고 허름한 술집이 양쪽에 들어선 좁고 긴 골목길 베스테르가데의 중간쯤이다.

18번지 건물의 정면에는 술집이 들어서 있다. 술집 옆의 정문을 지나 안으로 들어가면 좁고 긴 마당이 나타난다. 그 마당의 오른쪽 끝에, 덴마크에서 쉽게 볼 수 있는 주홍색의 3층 건물이 있는데, 이곳이 바로 안데르센이 코펜하겐에 도착해 첫날 묵었던 여인숙 건물이다.

건물은 전체적으로 낡고 협소한 편이었다. 주로 공예 등의 소규모 작업실들로 사용되는 듯했다. 그리고 마당을 향한 벽면에는 덴마크어로 1819년 안데르센이 코펜하겐에 처음 도착해 머문 장소라는 내용의 안내문이 붙어 있다.

그리고 건물 앞으로는 좁은 마당이 활처럼 휘어지며 안으로 길게 이어지고 있었다. 마당 왼쪽에 높이 솟은 5, 6층의 건물들을 감안한다면, 옛날 마당 전체의 규모가 상당했을 것으로 짐작된다.

### 1795년 2차 대화재 이후 지어져

안데르센이 묵었던 여인숙의 이름은 가르데르고덴 Garderg ården. 자료에 따라 각각 영어로 'The Royal Guards House' 또는 'Guardsman's Court' 등으로 표기하고 있는데 '근위병 초소' 또는 '근위병 숙소' 정도로 풀이할 수 있다. 1795년 코펜하겐 2차 대화재가 일어나기 전까지 이곳에는 성을 지키는 왕립 근위병들의 병영이 자리 잡고 있었기 때문에 그 같은 이름을 갖

**감멜토르 광장**
코펜하겐 번화가 중의 하나로, 시내에서 가장 오래된 시장이 있었던 곳이다. 광장의 분수대는 17세기 초에 르네상스 양식으로 세워졌다.

게 된 것이다. 따라서 안데르센 시절에는 건물 안 마당의 면적이, 군대 사열이 가능할 정도로 상당히 넓었을 것이라는 추정이 가능하다.

근위병 초소 등 당시 이 주변에 있던 건물들은 1795년 화마(火魔)에 전소되었다. 안데르센이 묵었던 건물은 1796년부터 새로 지어졌으며, 그 후 개보수를 거쳐 지금까지 전해지고 있는 것이다.

18번지 건물 입구에 붙은 안내문에 따르면, 건물들마다 18A에서부터 18H까지 번호가 매겨져 있다. 따라서 이 18번지 안에 8개의 건물이 있다는 것을 짐작할 수 있는데, 안데르센 숙박했던 여인숙 건물에는 18C라는 숫자가 지정되어 있다.

관련 자료에 따르면, 1860년대까지 베스테르가데 거리에는 17개의 여인숙과 하숙집이 있었다. 하지만 점차 줄어들기 시작해 1877년 9개, 1888년 7개, 1894년 5개 그리고 1924년에는 하나만 남게 되었다고 한다. 1864년 코펜하겐 중앙역이 크게 증축되고 주변에 도로가 개설되면서, 지금의 역 근처인 베스테르브로가데*Vesterbrogade* 일대에 규모가 큰 현대식 호텔들이 들어서기 시작했기 때문인 것으로 짐작된다. 한편 1888년에 영업 중이던 7개의 업소 중에는 여인숙 'Gardergården'의 이름이 그대로 남아 있어서, 안데르센이 사망한 후에도 한동안 같은 이름으로 계속 영업하고 있었던 것으로 보인다.

여인숙 앞의 베스테르가데는, 오늘날 허름한 술집과 음식점들이 들어선 좁고 어두운 골목길에 불과하다. 그렇지만 이 거리는 거대한 성곽이 헐리던 1850년대 초까지 코펜하겐에서 가장 혼잡했던 거리 중의 하나였다. 많은 사람이 빈번하게 출입하던 서쪽 성문 베스테르포르트와, 코펜하겐에서 가장 오래되고 큰 장이 서는 광장 감멜토르*Gammeltorv*

를 연결하는 거리였기 때문에 언제나 수많은 인파들로 넘쳐나곤 했던 것이다.

이 베스테르가데의 위상은, 1795년 2차 대화재를 거치면서 점차 달라지기 시작했다. 지금은 스트뢰에 *Strøget* 거리에 속한 프레데릭스베르가데 *Frederiksberggade*가 대화재 이후에 새롭게 정비되고, 구 시청사 앞의 광장 뉘토브*Nytorv*까지 확장되면서, 그전까지의 활용도가 점차 줄어들기 시작했던 것이다. 그리고 1962년부터 스트뢰에 거리가 보행자 전용도로가 되면서, 베스테르가데는 사람들 발길로부터 급속히 멀어지다가, 오늘날에는 허름한 골목길로 전락하고 말았다.

### 소년 안데르센이 달려간 곳은?

14세 소년 안데르센은 방에 짐을 내려놓기가 무섭게 거리로 달려 나갔다. 그리고는 급히 사람들에게 왕립극장 가는 길을 물으며, 빠른 걸음으로 골목을 헤쳐 나가기 시작했다. 꿈에 그리던 왕립극장을 두 눈으로 직접 확인하기 위해서였다.

거리는 수많은 사람들로 술렁거리고 있었다. 어딘가 불안감이 감도는 묘한 분위기였는데, 전날 지방도시에서 유대인이 무참하게 살해된 사건이 일어났기 때문이었다. 안데르센은 이날의 거리 분위기가 충격적이었던지 자서전에서

"이때 본 코펜하겐의 소음과 소동은 오덴세에서 자란 나로서는 직접 눈으로 보지 않고는 결코 상상할 수도 없을 만큼 대단했다."

라고 밝히고 있다. 그리고 1937년에 발표한 소설 〈어느 바이올리니스트〉에서도 이때 목격한 도시의 혼란한 상황에 대해 적고 있다.

안데르센이 그날 왕립극장까지 걸어간 행로(行路)에 대해서는 자세히 알려지지 않고 있다. 그는 자신의 자서전에서도 구체적으로 설명하고 있지 않다. 처음 와보는 대도시인 탓에 허둥대면서 행인들에게 물어물어 어렵게 왕립극장까지 찾아갔을 것이라 짐작만 해볼 뿐이다.

하지만 당시의 지리적 상황과 여인숙 위치 등을 감안할 때 다음과 같은 추측이 가능하다. 여인숙을 빠져나온 소년은, 먼저 감멜토르*Gammeltorv*의 북쪽을 통해 뇌레가데*Nørregade*로 들어서서, 인근에 위치한 보르 프루에 교회와 프루에 플라스, 코펜하겐 대학교 등지를 둘러보았을 것이다. 그리고 스킨데르가데*Skindergade*를 비롯해서 피올스트레드*Fiolstræded* 등과 같은 좁고 혼잡한 거리에서 한동안 길을 잃어 시간을 허비하였을 것이다. 이어서 원형탑 룬데토른 근처까지 간 뒤에, 쾨브마게르가데 등의 거리를 거쳐 덴마크 왕립극장과 그 앞의 콩겐스 뉘토르*Kongens Nytorv* 까지 간 것으로 추정을 해도 큰 무리가 없을 것으로 보인다. 재키 울슐라거의 〈안데르센 평전〉에서도, 스킨데르가데를 중심으로 이때의 안데르센 행적에 대해 설명하고 있다.

앞의 추정이 사실이라면, 흥미롭게도 안데르센이 그날 길에서 지나치며 본 건물들 상당수가 나중에 그의 삶에 중요한 의미를 지니게 된다는 점이다. '마음속의 성지(聖地)'처럼 여기며 신성시했던 왕립극장을 비롯해서, 남들보다 6, 7년이나 늦은 24살의 나이에 힘들게 입학하게 되는 코펜하겐 대학교 그리고 안데르센이 70세의 나이로 사망했을 때 장례식이 성대하게 치러지는 보르 프루에 교회 등이 바로 그것이다.

그리고 원형탑 아래 쾨브마게르가데*Købmagergade* 44번지에는, 출판업자 카를 레이첼*Carl Andreas Reitzel, 1789~1853*이 운영하던 서점과 출판사가 자리잡고 있었다. 훗날 안데르센의 재능과 가능성을 누구보다 일찍 발견해, 그의 저작 대부분을 출간되는 출판사이다. 쾨브마게르가데는 코펜하겐 대학교에서 멀지 않다. 이 때문에 오래 전부터 서점과 출판사, 잡지사 등이 자리 잡았는데, 오늘날에도 규모가 큰 서점을 어렵지 않게 발견할 수 있다.

### 보르 프루에 교회와 코펜하겐 대학교

인드레 뷔에 위치한 보르 프루에 교회와 코펜하겐 대학교, 원형탑 등은 코펜하겐을 상징하는 대표적인 명소이다. 보르 프루에 교회 *Vor Frue Kirke*는 대관식(戴冠式) 등 덴마크의 국가적인 행사가 거행되는 중요한 의미를 가진 교회이다. 코펜하겐 대성당이라 불리기도 하며, 우리말로 표현하면 성모 마리아 교회라 할 수 있다.

지금의 자리에 교회 건물이 처음 지어진 것은 12세기 말 압살론 대주교 때이다. 오늘날의 건물은 19세기 초 당대 최고의 건축가였던 크리스티안 프레데릭 한센*Christian Frederik Hansen, 1756~1845*의 설계로 1829년에 완공되었다. 덴마크 고전주의 건축의 황금기를 대표하는 건물이며, 단순성과 강직성 등을 특징으로 하는 한센의 독자성이 잘 나타나있는 건축물로 평가받고 있다. 건물의 길이는 약 83m, 너비는 33m에 이르고 있다.

교회 내부의 제단 중앙에는 예수상이 그리고 중앙 회중석의 벽면을 따라 열두 제자의 조각상이 세워져 있다. 대부분의 작품은 안데르센과 같은 시기에 활동했던 19세기 최대의 조각가 베르텔 토르발센*Bertel Thorvaldsen, 1770~1844*이 제작한 것이다. 한편 1875년 8월 11일에는 세계적인

**코펜하겐 대학교**

8명의 노벨상 수상자를 배출한 덴마크 제일의 명문대학이다. 15세기에 설립되었으며 그동안 북유럽의 고등교육 및 학술연구 분야에서 중추적인 역할을 해왔다. 건물 앞 프루에 플라스에는 위대한 업적을 남긴 졸업생들의 동상이 세워져 있다.

동화작가 안데르센의 장례식이 성대하게 거행된 곳이기도 하다.

코펜하겐 대학교는 덴마크에서 가장 오래되고 가장 규모가 큰 대학이다. 1479년에 개교한 이래 덴마크와 북유럽의 학술 진흥과 문화 발전에 지대한 공헌을 해왔다. 특히 8명의 노벨상 수상자를 배출할 만큼 많은 인재가 이 학교를 졸업하였는데, 실존주의 철학자 키에르케고르와 안데르센 역시 이 대학교에서 공부하였다.

'천상의 빛을 보라'(Coelestem Adspicit Lucem', It looks at the celestial light). 코펜하겐 대학교의 교훈이다.

8명의 노벨상 수상자 중에서 단연 시선을 끄는 인물은, 1922년에 노벨 물리학상을 수상한 닐스 보어 *Niels Bohr, 1885~1962* 이다. 원자 구조의 이해와 양자역학의 성립에 기여한 업적으로 노벨상을 받았는데, 그의 아들 오게 닐스 보어 *Aage Niels Bohr, 1922~2009* 역시 세계적인 물리학자이며 1975년에 노벨 물리학상을 수상했다

### '천상의 빛을 보라'

보르 프루에 교회와 코펜하겐 대학교 사이에는 직사각형의 드넓은 광장이 자리 잡고 있다. 이를 프루에 플라스 Frue Plads 라고 하는데, 앞서 설명한 닐스 보어와 야페투스 스틴스트럽 *Japetus Steenstrup, 1813~1897* 등 신학과 언어학, 식물학, 동물학 등의 여러 분야에서 뛰어난 업적을 남긴 이 대학교 졸업생들의 흉상이 대학교 건물 앞에 길게 놓여 있다.

한편 코펜하겐에는, 파리와 마찬가지로 '라틴 지구' *Latin Quarter* 가 있다. 프루에 플라스를 중심으로 한 그 주변을 '코펜하겐 라틴 지구'라 부르는데, 이 일대에는 일찍부터 라틴어와 관련된 각종 교육기관과 시설

**룬데토른과 튀코 브라헤 동상**
현재는 도시 전망대 기능을 하고 있으나, 한때는 유럽에서 가장 오래된 천문대였다. 건물 앞에는 17세기의
유명한 천문학자 튀코 브라헤의 동상이 세워져 있다.

이 밀집해 있었다. 1208년에 라틴어 학교가 이 지역에 세워졌으며, 1479년에는 코펜하겐 대학교가 설립되면서, 지난 수백 년 동안 덴마크 라틴어 교육의 중심지가 되었던 것이다.

코펜하겐 시내에는 시선을 끄는 독특한 형태의 거대한 탑이 하나 서있다. 이름은 룬데토른*Rundetårn*. 글자 그대로 원형탑인 이곳은 17세기부터 수백 년 동안 천문대로 사용되던 곳이다. 네덜란드 바로크 양식으로 알려진 이 천문대는 크리스티안 4세의 명령으로 당대의 대표적인 건축가 한스 반 스틴빙켈*Hans van Steenwinckel the Younger, 1587~1639*, 레온하르트 블라지우스*Leonhard Blasius, ?~1644* 등이 참가해 1642년에 건설되었다.

17세기 말, 유럽 각국은 경쟁적으로 천문학 연구에 몰두하였다. 뛰어난 항해술을 갖고 있어야 식민지 확보가 가능했기 때문에, 천문학과 해양기술 등의 연구에 심혈을 기울였던 것이다. 영국이 한때 '해가 지지 않는 나라'라 불리었던 이유도 다른 나라에 비해 뛰어난 천문학을 바탕으로 하는 항해술을 확보하고 있었기 때문이다. 덴마크 출신의 천문학자로는 그 유명한 튀코 브라헤*Tycho Brahe, 1546~1601*를 비롯해서 올레 뢰머 *Ole Rømer, 1644~1710* 등이 있다.

이 원통형의 탑은 지름이 약 15m, 높이가 34.8m에 이른다. 무엇보다 흥미로운 것은, 폭이 2m가 넘는 나선형의 복도가 천문대 최상층까지 이어지는 독특한 구조로 되어 있다는 사실이다. 무거운 천체 관측기계나 서적 등을 건물 위까지 손쉽게 운반하기 위해 이처럼 특이하게 고안하였다고 한다.

코펜하겐 역시 20세기에 들어서면서 광(光) 공해가 심해지기 시작했다. 이 때문에 원형탑은 천문대 기능을 더 이상 할 수 없게 되어, 현재는 관광객을 위한 전망대와 콘서트 홀 등으로 활용되고 있다. 현대적인 시설을 갖춘 천문대인 튀코 브라헤 플라네타륨 Tycho Brahe Planetarium은, 현재 코펜하겐의 서쪽 인공호수 상크트 외르겐스 쇠 Sankt Jørgens Sø 근처에 세워져 있다.

코펜하겐에는 높은 건물이 많지 않아서 시내를 조망하기가 쉽지 않다. 다행히 이곳에 오르면 탁 트인 코펜하겐 시내의 전경을 감상할 수 있다.

### 마침내 왕립극장 앞에 서다

좁은 골목을 빠져나오자, 시야가 한결 트이기 시작했다. 이어서 푸른 녹음(綠陰)에 싸인 드넓은 광장 콩겐스 뉘토르가 모습을 드러냈다. 그리고 광장 뒤에는 거대한 위용을 가진 건물이 버티고 서있으니, 바로 안데르센이 오래 전부터 정신적인 성지(聖地)로 여기고 있었던 왕립극장이었다.

콩겐스 뉘토르 Kongens Nytorv 는 코펜하겐에서 가장 규모가 크고 화려한 광장이다. 코펜하겐 최대의 번화가인 스트뢰에 거리의 동쪽 끝과 항구 뉘하운 사이에 위치하고 있으며, 덴마크 왕립극장을 비롯해서 샤를로텐보르 미술전시관 Kunsthal Charlottenborg, 백화점 마가쟁 뒤 노드 Magasin Du Nord, 호텔 당글레테르 Hotel D'Angleterre 등 웅장하면서도 수려한 건물들이 광장 주위를 둘러싸고 있다.

광장 이름은 '왕의 새로운 광장' King's New Square 이라는 뜻이며, 1670년 크리스티안 5세 Christian V. 1646~1699 에 의해 시 북부지역이 확장될 때에 개설되었다. 이 때문에 광장 중앙에는 크리스티안 5세의 동상이 세

**덴마크 왕립극장**

덴마크 무대예술의 요람으로 19세기 말에 건립되었다. 극장 정면에는 덴마크가 배출한 유명한 극작가 루드비 홀베르와 아담 욀렌슐레게르의 동상이 세워져 있다. 안데르센이 출근하다시피 늘 찾은 곳이다.

**연극 전용극장 스퀘스필후스**
덴마크 왕립극장의 부속으로 연극을 전문으로 공연하는 극장이다. 2008년 뉘하운 근처 바닷가에 세워졌으며,
특이한 건축공법으로 널리 알려져 있다.

워져 있으며 그 주위로 아름다운 공원이 조성되어 있다.

덴마크 왕립극장 Det Kongelige Teater은, 오래 전부터 덴마크 무대예술의 중추 역할을 해온 곳으로 그 공원의 남쪽에 자리 잡고 있다. 주소는 콩겐스 뉘토르 9번지이다.

콩겐스 뉘토르에서 왕립극장의 건물 정면을 바라보노라면, 건물 위쪽에 각각 1748과 1874라는 숫자가 크게 새겨져 있는 것을 발견할 수 있다. 이는 덴마크 왕립극장이라는 단체가 프레데릭 5세 Frederik V, 1723~1766 때인 1748년에 처음으로 설립되었으며, 지금의 극장 건물은 1874년부터 본격적으로 건설에 들어갔다는 것을 의미하고 있는 것이다. 극장 건물은 재정 부족 등의 이유로 한동안 중단되었다가 1883년경에서야 완공되었다.

안데르센은 1875년 8월 4일에 사망하였다. 아쉽게도 오늘날 우리가 볼 수 있는 위풍당당한 지금의 극장 건물을 보지 못하고 세상을 떠난 셈이다. 다행히 1872년 10월 18일에 주춧돌이 놓였으니, 그나마 극장이 건설되기 시작했다는 사실만큼은 확인하고 눈을 감았다고 할 수 있겠다.

현재 덴마크 왕립극장은 연극을 비롯해서 오페라, 발레, 콘서트 등 네 개의 분야로 나뉘어 운영되고 있다. 그리고 산하에 스퀘스필후스 등 3개의 전문 공연장을 두고 있다. 이 콩겐스 뉘토르에 있는 극장을 흔히 올드 스테이지 The Old Stage라 부르며, 이밖에 2005년 홀멘 Holmen 섬에 지은 왕립 오페라 하우스 Copenhagen Opera House인 오페렌 Operaen 그리고 2008년에 뉘하운 근처에는 세운 연극 전용 극장인 스퀘스필후스 Skuespilhuset 등이다. 작품의 성격이나 규모 등을 고려해 공연할 극장을 결정하는데, 이 올드 스테이지에서는 소규모 연극이나 발레 공연이 주로 열리고 있다. 왕립극장인 만큼, 왕실 가족을 위한 특별석이 따로 마련되어 있다고 한다.

### 루드비 홀베르와 아담 욀렌슐레게르

왕립극장을 정면에서 바라보았을 때, 정문 좌우에는 두 개의 동상이 세워져 있다. 오른쪽은 루드비 홀베르, 왼쪽은 아담 욀렌슐레게르의 동상인데, 두 사람 모두 손에 책을 들고 의자에 앉아있는 모습을 하고 있다. 짐작할 수 있듯이 이들은 덴마크를 대표하는 시인, 극작가이다.

루드비 홀베르Ludvig Holberg 1684~1754는 오늘날에도 덴마크 국민들로부터 절대적인 사랑과 지지를 받고 있는 덴마크 최고의 극작가이다. 노르웨이 출생으로 젊은 시절에 유럽 여러 나라를 여행하면서 견문을 넓혔으며, 그 후 덴마크에 정착하여 1717년부터 코펜하겐 대학교에서 형이상학과 라틴어 수사학 등을 강의하였다.

홀베르는 인간의 근원적인 문제를 깊이 있게 다룬 〈언덕의 예페〉Jeppe på bjerget, 1722, 〈이타카의 율리시스〉Ulysses von Ithacia, 1723, 〈가면무도회〉Mascarade, 1724 등 수십 편의 희곡작품을 발표하여, 18세기의 덴마크 문학의 정립과 발전에 크게 기여하였다. 이 때문에 '북유럽의 몰리에르'라 불리고 있는데, 그의 작품이 갖고 있는 계몽주의적인 특성 때문에 '덴마크의 볼테르'라 평가받기도 한다. 다양한 분야에 관심이 많아서, 역사서 〈덴마크의 역사〉, 철학서 〈도덕적 사고〉 등의 저서도 출간한 바 있다.

또한 그는 1741년에 지구 공동설(地球空洞說)을 다룬 장편 과학소설 〈니콜라이 클리미의 지하여행〉Nicolai Klimii Iter Subterraneum을 발표하였다. 이 때문에 공상 과학소설가로서의 그의 업적에 대한 재평가 작업이

**아담 윌렌슐레게르**
덴마크의 시인이자 극작가로 덴마크에 낭만주의를 뿌리내린 인물이다.
안데르센은 그의 작품을 좋아해서 거의 암송할 정도였다고 한다.

최근 진행되기도 했다.

한편 루드비 홀베르는 안데르센과도 각별한 인연을 갖고 있다. 안데르센의 자서전에 따르면, 자신이 태어날 당시 아버지는 그의 시를 암송하면서 마음을 진정시켰다고 한다. 그리고 아버지는 어린 아들에게 홀베르의 작품을 자주 읽어주었으며, 아버지와 함께 오덴세에서 생애 처음으로 본 연극도 그의 작품 〈시골 정치인〉이었다는 것이다. 이처럼 루드비 홀베르는 안데르센과 그의 아버지는 물론, 수많은 덴마크 인들에게 극작가 이상으로 절대적인 신임과 지지를 받고 있던 정신적 지주와 같은 인물이었다.

왕립 극장 앞에 세워진 홀베르의 동상은 테오발드 스테인 *Theobald Stein 1829~1901*의 작품이다. 안데르센이 세상을 떠나던 해인 1875년에 세워졌다.

한편 아담 욀렌슐레게르*Adam Gottlob Oehlenschläger, 1779~1850*는 19세기를 대표하는 덴마크 최고의 시인이자 극작가이다. 1802년 〈황금뿔〉*Guldhornene* 등을 발표하여 덴마크는 물론 북유럽의 문예부흥에 큰 기여를 하였다. 그 후 1805년에 시극 〈알라딘〉*Aladdin*을, 1811년에는 비극 〈코레지오〉*Correggio* 등을 발표하여 '북유럽 시의 왕'이라는 칭호를 받기도 했다.

안데르센은 일찍부터 욀렌슐레게르의 작품을 좋아했다. 자서전에 따르면, 10대 시절 한때 그의 작품 〈코레지오〉의 주인공 역할을 하는 게 소망이었으며, 습작할 당시에는 욀렌슐레게르의 작품을 거의 외우다시피 탐독하곤 했다고 한다.

욀렌슐레게르는 어려운 처지에 있던 젊은 시절의 안데르센을 적극적으로 후원해주었다. 안데르센은 자신의 자서전에서 평생의 은인 요

**그로브뤼드레토르 Gråbrødretorv**

코펜하겐에서 제일 아름답다는 찬사를 받는 광장으로, 코펜하겐 대학교 근처에 있다.
10여 개의 레스토랑이 광장을 둘러싸고 있어서 다양한 요리를 맛볼 수 있다.

나스 콜린를 비롯해서 외르스테드, 잉게만 등과 함께 그에 대해 자주 언급하고 있다.

### 안데르센에게 왕립극장은 무엇인가?

놀랍게도, 1829년 4월 말 안데르센의 첫 번째 희곡 〈Kjcerlighed paa Nicolai Taarn〉 *Love in Saint Nicholas Church Tower*이 왕립극장 무대 위에서 공연되었다. 그의 나이 24살 때의 일이다. 비록 1막의 짧은 보드빌 *Vaudeville* 작품이었지만, 14살의 나이로 무작정 상경한 지 꼭 10년이 되는 해에 자신의 소망을 이룬 것이다.

자서전에 따르면, 그날 안데르센은 너무 기쁜 나머지 후원자 요나스 콜린의 집으로 달려가 "의자에 몸을 던지다시피 쓰러진 채 온몸을 떨며 흐느껴 울었다."라고 적고 있다. 그리고 그 몇 달 뒤인 6월에는, 자신의 성공을 알리기 위해 어머니가 계신 고향 오덴세를 방문하기도 했다. 글자 그대로 금의환향(錦衣還鄕)이었던 것이다.

안데르센에게 덴마크 왕립극장은 과연 어떤 의미를 갖고 있는 장소였을까?

앞에서 이야기한 것처럼, 안데르센이 코펜하겐에 도착한 첫날 무엇보다 가장 먼저 한 일은 왕립극장을 찾아가 그 실체를 두 눈으로 직접 확인하는 일이었다. 이 같은 일화를 통해, 연극과 무용 등 무대예술을 향한 당시 그의 열정이 얼마나 뜨거운 것이었는지 충분히 짐작할 수 있을 것이다.

안데르센의 생애를 살펴보면, 왕립극장은 그에게 매우 중요한 위치를 차지하고 있었다. 코펜하겐에서 생활하는 55년 동안의 대부분을,

왕립극장과 콩겐스 뉘토르를 중심으로 반경 수백 미터 안에 거처를 마련하였으며 그곳을 크게 벗어나지 않았다. 심지어 극장 건물이 내려다보이는 호텔에서 오랫동안 생활하였으며, 길모퉁이를 돌아가면 극장 정문으로 다가갈 수 있는 항구 뉘하운에서 20년 가까이 거주하기도 했다.

다시 말하면, 덴마크 왕립극장은 안데르센에게 삶의 일부이면서 동시에 일상(日常) 그 자체였던 것이다. 생활 속에 늘 머물러있는, '일상 속의 장소'였던 것이다.

안데르센이 고향을 떠나 코펜하겐에 처음 발을 들여놓은 것은 1819년 9월 6일이었다. 그 후 그는 이 날을 자신의 두 번째 생일로 삼아, 평생에 걸쳐 기념했다고 한다. 대도시 코펜하겐에 처음 발을 내딛은 그리고 꿈에 그리던 왕립극장의 실체를 두 분으로 직접 확인한, 그 9월 6일을 말이다.

## 04

# 구두 수선공의 아들

안데르센은 파란만장하면서도 극적인 삶을 산 작가이다. 빈한(貧寒)한 가정에서 태어나 사회적 편견과 냉대, 질시(嫉視) 등을 딛고 일어서서 세계적인 동화작가가 된 것이다. 온갖 역경을 이겨낸 그의 삶은, 흔히 '인간 승리'의 신화를 일구어낸 한 전형(典型)으로 이야기되기도 하였지만, 한편으로는 지나치게 미화, 과장되었다는 지적 역시 늘 뒤따랐다.

신화로 왜곡되지 않은 그의 진실된 삶은 과연 어떤 것이었을까. 어린 시절의 꿈을 이루기 위해 자신의 모든 것을 다 바쳐 노력한, 드라마틱한 그의 삶은 구체적으로 어떤 모습을 하고 있었을까. 그리고 우리는 평생 동안 동화 창작에 최선을 다한 그의 생애에서 과연 무엇을 배울 수 있는 것일까.

### 오덴세, 북유럽 신화 오딘에서 유래

한스 크리스티안 안데르센*Hans Christian Andersen, 1805~1875*은 1805년 4월 2일에 유서 깊은 도시 오덴세에서 태어났다. 오덴세*Odense*는 덴마크에서 두 번째로 큰 섬인 퓐*Fyn* 섬에 위치하고 있으며, 도시 이름 오덴세는 북유럽 신화에 등장하는 주신(主神) 오딘*Odin*에서 비롯되었다. 그만큼 오래 전부터 흥미롭고 기이한 전설과 이야기들이 많이 전해져 내려오던 곳이라 할 수 있다.

안데르센이 태어난 집은, 오늘날의 주소로 한스 옌센 스트레데*Hans Jensens Stræde* 45번지이다. 한스 옌센 스트레데와 방스 보데르*Bangs Boder* 두 거리가 만나는, 한적한 골목 구석에 위치한 작은 노란집이다. 오덴세 역에서 멀지 않은 곳으로, 현재 이곳은 자필 원고를 비롯해서 종이 그림과 저서 등 각종 유품과 자료를 보관, 전시하는 안데르센 박물관으로 사용되고 있다.

덴마크에서는 전통적으로 두 개 이상의 이름이 있어도 같이 붙여 하나의 이름으로 사용한다. 일부 서적에서는 간혹 이름을 '한스'라 설명하는 경우가 있으나 이는 잘못 된 것이다. 관련 서적이나 웹사이트에서는 영문 이니셜을 'H.C. Andersen' 이라 표기하고 있다.

### 궁핍한 집안의 외아들로 태어나다

안데르센의 아버지 한스 안데르센*Hans Andersen, 1782~1816*은 구두 수선공이었다. 어머니 안네 마리 안데르스다테르*Anne Marie Andersdatter, 1774~1833*는 아버지보다 8살이나 나이가 많았으며, 극장 청소부와 남의 빨래를 대신 해주는 세탁부와 같은 거친 일을 하며 힘들게 살림을 꾸려 나갔다. 두 사람은 안데르센이 태어나기 두어 달 전에 성 크누스 교회에

**성 크누스 교회와 안데르센 동상**

안데르센은 오덴세에서 태어나 14살까지 살았다. 성 크누스 교회는 시청사 옆에 있는데, 안데르센의 아버지가 묻힌 곳이기도 하다.

서 결혼식을 올렸다고 한다. 안데르센의 자서전에 의하면, 태어날 당시 가족들이 사용하던 침대는 어느 귀족의 관에서 뜯어낸 나무판자로 만든 것이었다.

다행히 안데르센은 부모의 사랑을 듬뿍 받으며 성장했다. 부모는 힘들고 궁핍한 생활을 이어가는 가운데에서도 외아들의 교육에 대해서만큼은 많은 관심을 기울였고 온갖 정성을 다 바쳤던 것이다.

아버지는 책 읽는 것을 좋아했다. 아들이 글을 깨우치기 전부터 프랑스의 우화작가 라퐁텐_Jean de la Fontaine, 1621~1695_의 〈우화집〉, 〈아라비안나이트〉 그리고 18세기의 극작가 루드비 홀베르_Ludvig Holberg, 1684~1754_의 작품 등을 들려주곤 했다.

특히 아버지는 '덴마크 문학의 아버지'라 일컬어지는 홀베르의 작품을 무척 좋아하였다. 안데르센의 자서전에 따르면 그가 태어날 때, 아버지는 마음을 진정시키기 위해 홀베르의 시를 암송할 정도였다. 아버지는 평생 문법학교에 가지 못한 자신의 처지를 애달파했으며, 눈물을 보이는 경우도 있었다고 한다. 이 때문에 안데르센의 문학적인 재능과 열의는, 아버지의 영향에서 비롯되었을 것이라 보는 견해들이 많다.

평소 안데르센의 아버지는 아들과 같이 지내는 것을 즐겨했다. 아들이 인형극 놀이를 할 수 있게끔, 나무로 제작한 인형과 인형극 무대 등을 만들어주기도 했다.

그리고 안데르센이 7살 때인 1812년, 두 사람은 같이 오덴세 극장에서 공연하는 홀베르의 연극 〈시골 정치인〉 공연을 보러갔다. 안데르센은 이때를 회고하며, "평생 잊지 못할 큰 감동을 받아 전율을 느꼈다. 그날부터 내 영혼은 연극을 열망하는 불길에 휩싸이고 말았다"라고 자서전에서 밝히고 있다.

　　어머니 역시 가난한 집안 출신이었다. 가정형편이 몹시 어려워 어린 시절에 아버지의 독촉에 내몰려 억지로 구걸에 나선 적이 있었다. 안타깝게도 그녀는 정식교육을 받지 못했다. 글을 깨우치지 못해, 자신의 이름조차 읽고 쓸 줄 몰랐던 것이다.

　　어머니는 언제나 안데르센을 사랑으로 너그럽게 대했다. 그리고 독실한 개신교 신자로서 아들에게 깊은 신앙심을 심어주기도 했다.

　　비록 문맹(文盲)이었지만 그녀는 누구보다 부지런하고 생활력이 강했다. 겨울날 남의 집 빨래를 해주는 등의 거친 일도 마다하지 않았다. 추위를 이기기 위해 술을 마시기 시작했는데, 이게 나중에 알코올중독의 원인이 되어 크게 고생하였다고 한다.

### 독일 카셀 출신의 할머니

　　안데르센은, 바쁜 어머니 대신에 할머니와 많은 시간을 보내며 자랐다. 이때 그녀로부터 흥미롭고 재미있는 이야기를 많이 들을 수 있었다.

　　시선을 끄는 점은, 할머니가 독일 카셀 출신이라는 사실이다. 카셀 *Kassel*은 독일 중부지방의 교통 중심지이면서, 철도, 기계 등의 중공업은 물론 섬유와 양조(釀造) 등 여러 분야의 공장들이 밀집해 있던 산업도시였다. 이 때문에 일찍부터 많은 사람들이 왕래하였으며, 물자교환이 활발하게 이루어지고 있었다. 더구나 17세기말 낭트 칙령의 폐지 이후 종교탄압을 받아 피신해온 프랑스의 위그노 교도들이 카셀과 그 주변에 정착해서, 당시의 선진 문화였던 프랑스 문화예술이 다른 지역보다 일찍 전해져 있었다.

    이때 유입된 문화 속에는 당시에 프랑스에 널리 퍼져있던 샤를 페로_Charles Perrault, 1628~1703_ 등 프랑스 동화작가들의 작품들도 포함되어 있었다. 그림 형제는 이 카셀에서 도서관 사서로 일하며 예전부터 전해져 오는 민담 등을 수집하였는데, 그들이 채록한 독일 동화 속에 〈신데렐라〉 등 프랑스의 동화와 비슷한 내용이 들어있는 이유가 바로 이 때문이다. 이 같은 사실은 안데르센 작품연구에 중요한 의미를 가진 것으로

**오덴세의 전통가옥들**
왼쪽 건물이 안데르센이 태어난 집이다. 지금은 각종 유품과 자료들을 보관한 박물관으로 사용되고 있어 많은 사람들이 찾고 있다.

보이며, 앞으로 안데르센의 초기 작품에 미친 할머니와 그림 형제의 영향 등에 대한 본격적인 연구가 있어야 하겠다.

이처럼 안데르센은, 경제적으로는 힘들었지만 화목한 가정환경에서 성장하였다. 아버지로부터 문학적인 재능을 물려받았으며, 어머니에게는 신실(信實)한 신앙심과 근면성을 그리고 할머니로부터는 자유롭게 문학적 상상력을 발휘할 수 있는 능력을 익히면서 어린 시절을 보냈다.

### 혼자 지내며 책 읽기 좋아해

1807년, 안데르센이 2살 되던 해에 그의 가족은 빨래터 가까운 뭉케묄레스트레데 *Munkemøllestræde* 3번지로 이사했다. 작고 허름한 세 칸짜리 오두막집이었는데, 이 비좁은 집에서 장갑과 모자 등을 만드는 다른 가족들과 함께 생활하게 되었다. 그 후 안데르센 가족은 지금도 전해지는 이 집에서 10년 넘게 살았다.

안데르센은 6살 때인 1811년경에 기초학교에 입학하였다. 그렇지만 학교에서 매를 맞고 돌아오는 일이 벌어지자, 어머니는 그날로 아들을 다른 학교로 전학시켰다. 그 후 카르스텐 유대인 학교가 문을 닫자 빈민학교로 옮겼으나 오래 다니지는 못했다. 1812년에 어머니가 오덴세 극장에서 일하게 되면서, 안데르센은 이때부터 학교 수업보다 연극을 본 뒤 흉내 내는 일에 더 열심이었다. 극장에서 보내는 시간이 점차 많아지더니 흐지부지 학교를 그만두고 말았다. 결국 안데르센은 정식교육을 체계적으로 받지 못했던 것이다.

이 때문에 나중에 성인이 되었을 때, 골치 아픈 일이 자주 일어나곤 했다. 라틴어 실력이 엉망인 것은 물론 간단한 맞춤법이나 철자법조차 틀리기 일쑤였기 때문이다. 문법 실력의 부족은, 후일 그가 작품을 발표할 때마다 비난받는 빌미가 되곤 했다.

외아들인 안데르센은 조용하면서 내성적인 성격이었다. 아이들과 어울려 노는 것보다 혼자 지내는 것을 좋아해서, 어려서부터 집안에 머물며 책을 읽는 경우가 많았다. 특히 인형놀이를 무척 즐겨했다. 대화하듯이 인형들에게 혼잣말을 하며 책을 읽어주거나 대화를 나누곤 했다고 한다.

### 13살의 안데르센, 연극배우를 꿈꾸다

1816년 4월, 안데르센에게 비극적인 일이 일어나고 말았다. 오랫동안 병을 앓아왔던 아버지가 그만 세상을 떠난 것이다. 몇 년 전 스웨덴과의 전쟁 때 출병했다가 병을 얻어 그동안 줄곧 병석에 누워 있었다. 안데르센의 나이 11살 때의 일이었다.

집안 형편이 더욱 어려워지면서, 안데르센은 집안의 살림을 위해 직접 돈을 벌어야 했다. 그는 담배회사 견습공, 양복 재단사의 보조원 등을 하며 생활비를 보탰다.

이처럼 힘들게 생활을 이어가던 1818년 6월이었다. 코펜하겐의 왕립극단이 오덴세로 순회공연을 왔다. 당시 13살이었던 그는 우연히 이 연극에 단역으로 출연하게 되었는데, 이후 연극무대를 향한 열망이 그 어느 때보다 뜨거워졌다. 코펜하겐에 있는 왕립극장의 단원이 되어 마음껏 연극무대에 서고 싶었던 것이다. 게다가 그는 누구나 감탄해마지 않는 '높고 아름다운' 소프라노 음색을 갖고 있어서 무대에 설 가능성이

**구두 수선 도구들**
구두 수선공이었던 안데르센의 아버지가 사용하던 각종 도구들이다. 아버지는 문학을 좋아해서
일찍부터 아들에게 〈아라비안나이트〉 등 많은 책을 읽어주었다.

많다고 스스로 믿기까지 했다.

왕립극장 단원의 꿈을 꾸기 시작한 지 얼마 안 되었을 때였다. 어린 안데르센이 집을 떠나야만 하는 힘든 처지가 되고 말았다. 43살의 어머니가 12살이나 어린 31살의 구두 수선공과 재혼하면서, 난처하게도 세 식구가 같은 방에서 지내야 하는 곤란한 상황이 벌어지고 말았던 것이다.

결국 안데르센은 중대한 결심을 하였다. 연극배우로 성공하기 위해 고향 오덴세를 떠나 덴마크의 수도인 코펜하겐으로 가기로 한 것이다. 그리고 이를 위해서는, 무엇보다 코펜하겐까지의 여비와 생활비, 학비 등 적지 않은 돈이 필요하다는 사실에도 생각이 미치게 되었다.

안데르센은 오덴세의 부유한 가정을 방문해 자신의 노래를 들려주거나 연극의 한 장면을 연기해 보이는 등의 재주를 선보였다. 그리고 얼마간의 돈을 받았는데, 다행히 많은 사람들이 그의 공연을 재미있어 했다.

이렇게 1년 가까이 부지런히 돈을 모으자 13릭스달러가 되었다. 릭스달러(영어로는 Rixdollar, 덴마크어로는 Rigsdaler로 표기)는 1875년까지 덴마크와 스웨덴 등지에서 사용되던 화폐단위이다. 13릭스달러는 당시 숙련공이 두어 달 일해야 벌 수 있는 금액으로, 14살 소년의 입장에서는 큰돈이었던 것이다.

이 같은 예에서 알 수 있듯이, 안데르센은 자신이 하고자 하는 일의 목표가 분명한 사람이었다. 그리고 자신의 재능에 대해 강한 믿음을 가지고 있었으며, 그 꿈을 이루려는 강한 추진력도 갖고 있었다. 특히 어린 나이에도 불구하고, 자신이 하고자 하는 일에 대해 사전에 미리 면밀

(綿密)하게 준비하는 치밀함도 함께 갖고 있었던 것이다.

안데르센은 1819년 9월 4일 오후 고향 오덴세를 출발했다. 어머니와 할머니가 배웅을 나왔다. 자서전에서 그는 고향을 떠나던 순간에 대해 다음과 같이 기록하고 있다.

마부가 나팔을 불었다. 햇살이 찬란한 오후였다. 유쾌하고 천진한 내 마음 안에 햇살이 가득 들어찼다. 눈에 비치는 모든 풍경이 기쁨이었다. 나는 내 영혼이 원하는 목표를 향해 가고 있었던 것이다.

**안데르센 박물관 벽화**
1819년 14살의 안데르센이 코펜하겐으로 무작정 상경하는 장면이다. 당시 어머니와 할머니가 배웅을 나왔다고 한다.

## 05

# 코펜하겐의 문을 두드리다

오덴세에는 하나의 전설과 같은 이야기가 전해져 오고 있다. 14살의 소년 안데르센이 자신의 고향 오덴세에 선명하게 남긴 흥미로운 일화(逸話)이다.

베스테르가데 *Vestergade*는 오덴세의 시내 중심지를 가로지르는 번화가이다. 이 거리 중간쯤 빈타페스트뢰데 *Vintapperstræde*로 들어서는 좁은 골목 어귀의 한쪽 벽에는 다음과 같은 기념 명판이 붙어 있다.

베스테르가데 57~59. 이 건물에 오덴세의 저명한 출판업자이자 〈이베르센 퓐 뉴스페이퍼〉의 편집인인 크리스티안 이베르센 *Christian Iversen, 1748~1827*의 사무실이 있었다. 이곳에서 14살 소년 안데르센은 이베르센을 만나 왕립극장의 마담 샬에게 자신을 위한 추천서를 써줄 것을 부탁하였다.

기념 명판 속의 '마담 샬'은 19세기 초 당대 제일의 발레리나였던 안나 마르그레테 샬Anne Margrethe Schall, 1775~1852을 말한다. 그녀는 일찍부터 덴마크 왕립극장 소속의 무용가가 되었으며 20살 무렵에 큰 성공을 거둔 뒤에 최고의 발레리나로서 오랫동안 활동하였다. 나이 쉰이 넘은 1827년에 은퇴하였으니, 1819년은 그녀가 아직 영향력을 갖고 현역에서 왕성하게 활동할 때라고 할 수 있다.

소년 안데르센이 연극배우로 성공하기 위해 코펜하겐으로 향할 때였다. 그는 아는 이 하나 없는 낯선 도시에서 연극배우로 성공하는 게 사실상 불가능하다고 판단하였고, 고심 끝에 사람들에게 물어 한 지역 유지를 찾아갔다. 지역신문을 제작, 발행하고 있던 언론인 크리스티안 이베르센Christian Iversen이었다. 그리고는 당대 최고의 무용수 마담 샬에게 자신을 위해 추천서를 써줄 것을 간곡히 부탁하였다.

한데 문제는 언론인 크리스티안 이베르센이 마담 샬에 대해 전혀 모르고 있다는 사실이었다. 일면식(一面識)조차 없어서, 그로서는 추천서를 써주고 싶어도 써줄 수 있는 입장이 아니었던 것이다.

그럼에도 안데르센은 막무가내로 추천서 써줄 것을 간청했다. 얼마나 억척스럽게 떼를 쓰고 억지를 부렸던지, 결국 그에게서 추천서를 받아내고 말았다.

당시 안데르센이 어떤 방법으로 그를 설득했는지에 대해서는 거의 알려져 있지 않다. 자서전에도 구체적으로 설명되어 있지 않은데, 아무튼 이 같은 일화를 통해 연극을 향한 당시 그의 열망과 집념이 얼마나 강렬한 것이었는지 짐작할 수 있을 것이다. 또한 동시에 안데르센만이 갖고 있는 특유의 품성, 기질 따위를 이해할 수 있는 좋은 기회가 되기

**오덴세의 기념 명판**

오덴세의 번화가 베스테르가데의 벽면에는 안데르센과 관련된 기념 명판이 붙어 있다. 14살의 안데르센이 코펜하겐으로 무작정 상경하기 전에, 베스테르가데 57~59번지의 지역 출판인을 찾아가 자신을 위한 추천서를 써줄 것을 부탁했다는 내용이다.

**코펜하겐 꽃가게**
코펜하겐 뒷골목에서는 뜻하지 않은 아름다움을 발견할 수 있다.

도 한다.

### 안데르센, 목표의식 분명하고 집념 강해

자서전 등에 남긴 일화들을 살펴보면, 안데르센은 어린 나이에도 일찍부터 뚜렷한 자기 세계관과 가치관을 갖고 있었다. 그리고 목표의식이 분명해서 한번 마음먹은 일은 무슨 일이 있어도 반드시 성취하고 마는 집념형의 인간이기도 했다. 또한 나이에 맞지 않게, 매사에 용의주도하고 치밀하였으며 과단성 있는 실천력까지 갖고 있었다.

게다가 14살 소년치고는 '영악하게도' 어른들의 세상에 대한 이해 역시 높은 편이었다. 세상을 아직 모를 나이에도 불구하고, 자신의 재능을 팔아 직접 여비를 마련하였으며, 반강제적으로 추천서를 얻어냈고, 또한 우편마차 마부에게 3릭스달러의 뇌물을 주고 사실상 무임승차하는 흥정을 벌이기까지 했던 것이다.

하지만 한편으로는 자기고집이 강해서, 무례하고 뻔뻔스러우며 몰염치한 일면까지 보여주고 있다. 안데르센 특유의 '집착이 강한' 기질은, 나중에 그가 사회 활동할 때에 많은 사람들로부터 반감을 사게 되는 이유가 되기도 한다.

아무튼 안데르센이 어린 시절에 고향 오덴세에 남긴 전설과 같은 일화는, 19세기 말 이후 산업구조가 개편되면서 대도시에서 성공하기 위해 코펜하겐으로 향했던 수많은 오덴세의 젊은이들에게 큰 용기와 희망을 가져다주었을 것이다.

그렇다면 소년 안데르센은, 과연 어떻게 맨손으로 무작정 상경한 대도시를 헤쳐 나갔던 것일까? 나이에 비해 세상 물정에 밝았던 그는,

어떤 방법으로 코펜하겐의 하늘 밑에서 살아남았을 수 있었을까? 아니, 코펜하겐은 안데르센에게 과연 호락호락 넘어가 주었을까?

### '살아남기 위해' 남의 집 대문을 두드리다

코펜하겐에 도착한 다음날부터, 안데르센은 낯선 사람들의 집 대문을 두드리기 시작했다. 처음 방문한 사람은 당연히 추천서를 준비해 온 유명 발레리나 마담 샬이었다. 다행히 그녀의 집은 콩겐스 뉘토르에서 멀지 않은 브레드가데*Bredgade*에 있었다. 고급 관료나 부유한 상인 등

**크리스티안보르 궁전**
'코펜하겐의 발상지'라 불리는 크리스티안보르 궁전이다. 1167년 세워졌으며 과거에는 왕궁이었지만 현재는 국회의사당과 여왕의 알현 장소로 사용되고 있다. 가이드 투어를 통해 내부 견학이 가능하다.

**로센보르 공원**

1624년에 완공되었으며 18세기 초까지 왕실 가족이 이곳에서 생활하였다. 당시 유행했던 네덜란드 르네상스 양식으로 건축되었으며, 현재는 왕실의 소장품 등을 보관, 전시하는 박물관 으로 사용되고 있다.

**로센보르 공원의 안데르센 동상**
코펜하겐의 중심부에 위치한 곳으로, 공원 한쪽에는 이곳에 앉아 맨 빵으로 허기를
채웠다고 하는 안데르센의 동상이 있다.

상류층 인사들이 주로 모여 사는 곳이었다.

안데르센은 어렵게 얻어낸 추천서를 들고 마담 샬의 집 대문을 두드렸다. 처음에는 동냥하러 온 걸인(乞人)으로 오해받기도 했지만, 우여곡절 끝에 그녀를 만나게 되었다. 추천서를 건넨 뒤, 그는 자신의 재능을 선보이기 위해 연극의 한 장면을 춤추었다.

그렇지만 마담 샬은 어이없어 하더니 하녀에게 지시해서 그를 당장 집안에서 내쫓도록 했다. 아무런 사전약속 없이 불쑥 찾아와서는, 전혀 알지 못하는 사람이 쓴 추천서를 내밀더니, 재능을 보인다면서 아동극에서나 볼 수 있는 유치하고 어설픈 춤을 추어대는, 남루한 옷차림에 기이하게 생긴 10대 소년을 도저히 용납할 수 없었던 것이다. 그러나 안데르센은 쉽게 물러서지 않았다.

첫 번째 시도에서 보기 좋게 실패했지만 포기하지 않고, 주변 사람들에게 소개를 받아 도움이 될 것 같은 문화계 인사이면 누구든지 찾아갔다. 그리고는 그들 앞에서 연극의 한 장면을 연기해 보이거나 노래를 불렀다. 그의 무모하면서도 당돌한 시도는 계속 이어졌다.

하지만 대부분 부정적인 대답만 돌아왔을 뿐이다. 너무 마르고 기형적인 체형이어서 무대 위에 서기 힘들다는 등, 연기자는 어려서부터 체계적으로 교육받고 경험을 쌓아야 한다는 등 주로 안데르센의 부족한 점만을 지적했다. 그때마다 참담한 심정이 되기 일쑤였다.

아무런 소득 없이 시간만 흘러가자 더욱 초조해졌다. 가진 돈도 거의 바닥이 나서 고향 오덴세로 그냥 돌아가야 할 지경에 이르렀다. 자서전에 따르면, 안데르센이 쫓겨나다시피 여인숙을 나왔을 때, 그의 수중에 남은 돈이라고는 겨우 1릭스달러 뿐이었다라고 한다.

결국 안데르센은 직장을 먼저 구하기로 했다. 열심히 일해 돈을 벌면서, 한편으로 연기와 무용 공부를 하기로 마음먹었던 것이다. 하지만 생각대로 일이 풀리지 않았다.

한 가구 공장에 어렵게 취업했을 때였다. 출근하는 첫날, 나이 많은 직원들이 몰려들더니 그를 보고는 특이하게 생겼다느니, 여자 목소리 같다는 등등의 트집을 잡아 마구 놀려댔다. 그날 그는 어렵게 구한 직장을 박차고 뛰쳐나왔다. 몇 년 전 오덴세에서도 비슷한 일을 겪은 적이 있었다.

### 시보니, 바이제, 바겐센 등을 만나다

이처럼 힘들게 지내던 어느 날이었다. 자신이 아름다운 소프라노 목소리를 갖고 있다는 사실이 문득 떠올랐다. 안데르센은 유명한 성악가이자 나중에 왕립음악교육원 원장이 되는 주세페 시보니_Giuseppe Siboni, 1780~1839_의 집으로 달려가, 무작정 그의 집 대문을 두드렸다.

다행히 큰 어려움 없이 시보니를 직접 만날 수 있었다. 더구나 시보니의 응접실에서는 문화계 인사들이 모여 연회를 열고 있었다. 친절한 시보니와 그의 부인의 소개로, 안데르센은 그 자리에서 자신의 노래 솜씨를 선보일 기회를 갖게 되었다.

노래가 끝난 뒤, 시보니는 사람들에게 안데르센의 딱한 처지를 설명했다. 그러자 많은 사람들이 즉석에서 후원금을 모았으며 앞으로도 계속 후원해줄 것을 약속했다. 그 중에는 시인 바겐센_Jens Emanuel Baggesen, 1764~1826_과 작곡가 바이제_C.E.F. Weyse, 1774~1842_ 등도 포함되어 있었다.

이 같은 인연으로, 안데르센은 주로 낮 시간에 시보니로부터 노래

**코펜하겐 시민들**
덴마크 사람들은 처음에 사귀기 힘들지만, 일단 친하게 되면 무척 다정하게 군다고 한다.

지도를 받게 되었다. 그는 평소에 친절한 편이었지만, 노래를 지도할 때는 작은 실수도 용납하지 않았다. 가끔 시보니를 따라서 왕립극단의 공연 리허설을 참관할 기회가 있었는데, 그때마다 무대 위에서 화려한 의상을 입고 공연하는 자신의 모습을 상상하여 희망에 몸을 떨곤 했다.

그때 안데르센은 지금의 브레머홀름_Bremerholm_ 8번지인 울케가덴_Ulkegaden_ 108번지에서, 작은 창고에 지나지 않는 창문 없는 골방을 빌려 생활하고 있었다. 현재 마가쟁 뒤 노드_Magasin Du Nord_ 백화점 서쪽 뒤편의 어두운 골목이다.

당시 이 일대는 코펜하겐 제일의 빈민가 지역이었다. 평소 햇볕이 잘 들지 않을 뿐더러, 비만 오면 온갖 악취를 풍기는 하수도의 생활폐수가 사람 다니는 거리로 넘쳐나기 일쑤였다. 매춘(賣春) 또한 공공연하게 행해지기도 했다.

19세기 초의 코펜하겐 공중위생 상태는 프랑스대혁명 이전의 파리 못지않게 매우 취약했다. 심지어 1853년 여름에는 콜레라가 발생해서 무려 5천여 명이 사망하기도 했다.

음악수업을 받기 시작한 지 반년쯤 지났을 때, 안데르센에게 무척 낭패스러운 일이 일어나고 말았다. 나이가 15살이 되면서 그만 변성기에 들어서게 된 것이다. 이에 따라 아름다운 그의 소프라노 목소리는 탁하고 어두운 저음으로 바뀌고 말았다.

결국 시보니도 노래 지도를 중단할 수밖에 없었다. 이렇게 되자 그에게 쏟아졌던 사람들의 관심과 격려가 점차 사라지기 시작했다. 고향에 돌아가 장사를 배우는 게 어떻겠느냐는 소리까지 듣기도 했다. 게다가 바이세 등에게서 받은 후원금도 거의 떨어져, 코펜하겐에 계속 머물기가 힘들어졌다. 안데르센에게 또다시 위기가 닥친 것이다.

### 계속된 실패와 새로운 기회 사이에서

다행히 그때 생각지 않았던 행운의 손길이 다가왔다. 큰 기대 없이 오덴세 출신의 굴베르 대령 동생인 시인 프리데릭 굴베르*Frederik Høegh Guldberg, 1771~1852*를 찾아가 도움을 청하였다. 한데 뜻밖에도 그가 적극적으로 나서서, 안데르센에게 독일어와 덴마크 어를 가르쳐주는 것은 물론, 후원회를 조직해 경제적으로도 도와주었다. 심지어 자신이 얼마 전에 펴낸 책의 인세까지 생활비에 보태도록 하였다.

이렇게 해서 안데르센은 코펜하겐에 그대로 남아 어렵게나마 생활을 이어나갈 수 있었다. 이후 안데르센은, 오덴세 출신으로 코펜하겐에서 활동하는 저명인사들을 찾아가 도움을 청하는 경우가 잦아졌다.

안데르센은 가끔 원형탑 룬데토른의 위층에 있는 코펜하겐 대학 도서관을 방문하곤 했다. 우연히 이 도서관의 사서가 오덴세 출신이라는 것을 알게 되어, 그에게 책 대출을 허락받아서 엄청난 양의 책을 읽을 수 있었다. 특히 스코틀랜드 출신의 영국 작가 월터 스콧*Walter Scott, 1771~1832*의 작품을 무척 좋아했다. 한때 자신의 필명을 '윌리엄 크리스티안 스콧'이라 할 정도로, 이 시절 그는 윌리엄 셰익스피어와 월터 스콧의 문학세계에 깊이 매료되었다.

힘든 가운데에서, 안데르센이 왕립극장 주변을 떠나지 않자 뜻밖의 기회가 찾아오기도 했다. 나이 15살 때인 1820년 5월에 왕립극단의 발레학교에 들어가게 된 것이다.

당시 발레학교 교장은 유명한 안토니 부르농빌*Antoine Bournonville,*

**요나스 콜린의 집**
벽면을 화려하게 꾸민 왼쪽의 집이다. 안데르센은 1822년 여름에 이 집을 처음 방문하였으며,
그 후 평생 동안 요나스 콜린 가족과 가까이 지냈다.

*1760~1843*이었다. 하지만 그가 파리에서 활동 중이었기 때문에 수석 무용수인 카를 달렌*Carl Dahlén, 1770~1851*이 대신 운영하고 있었다. 달렌은 그에게 매우 친절하였으며 발레의 다양한 동작들을 자세히 가르쳐주었다.

그러나 몇 달 후, 애석하게도 정식단원으로 고용치 않기로 하였다는 통보를 받았다. 안데르센이 발레에 재능이 없으며 무대에 적합하지 않은 신체조건을 갖고 있다는 평가였다.

안데르센은 이번에도 포기하지 않았다. 왕립극단 주변에 계속 남

아있기 위해서 성악학교와 합창단에 들어갔던 것이다. 그리고 기회가 될 때마다 하인이나 소년과 같은 간단한 단역도 마다하지 않고 무대 위에 섰다.

하지만 1822년 5월, 안데르센은 왕립극장의 성악학교에서 정식으로 제적되고 말았다. 얼마간의 재능은 있지만 특출한 정도는 아니며, 학교 교육을 제대로 받지 못한 탓에 더 이상 발전을 기대할 수 없다는 평가가 뒤따랐다.

그리고 곧이어 그가 제출했던 희곡 원고도 반송되었다. 원고와 함께 편지가 동봉되어 있었는데, '맞춤법이 틀리고 문법에 어긋난 글'이 자주 발견되니 이에 대한 공부부터 하라는 내용의 글이었다. 예전부터 들어온 충고와 같은 내용이었다. 어린 시절에 학교 공부를 체계적으로 하지 못한 게 다시 그의 발목을 잡았던 것이다.

### '평생의 은인' 요나스 콜린을 만나다

17살의 안데르센은 크게 낙담하지 않을 수 없었다. 코펜하겐에서 3년 가까이 노력하였지만, 아무도 그의 재능과 실력을 인정해주지 않았던 것이다. 깊은 절망에 빠져 한때는 삶을 포기하는 극단적인 생각까지 해보기도 했다.

하지만 안데르센은 이번에도 고향에 내려갈 생각은 추호도 없었다. 그는 다시 기운을 차려 자신을 후원해 줄 사람들을 찾아 나섰다.

다행히 몇몇 후원자를 만났는데, 그 중의 한 목사가 안데르센의 희

코펜하겐 뒷골목에는 흥미로운 가게들이 많다.

곡 작품을 왕립극단에 보냈다. 그리고는 왕립극단의 실력자라면서 한 사람을 소개해주며 찾아가라고 했다. 바로 '평생의 은인'인 요나스 콜린 *Jonas Collin, 1776~1861*이었다. 안데르센의 자서전에 따르면, 사람들은 그에게 '요나스 콜린의 마음에만 들면 모든 일이 잘 풀릴 것'이라 말했다고 한다.

요나스 콜린의 집은, 뉘하운에서 가까운 스토레 스트란스트레데 3번지에 위치하고 있었다. 집의 규모는 큰 편이었지만 화려하거나 호화스럽지는 않았다. 처음 만났을 때, 그는 소박하면서 평범한 나무의자에 앉아 일을 보고 있었다. 침착하고 조용한 성격이라는 인상을 받았다. 그 날 두 사람은 서로 별다른 이야기 없이 헤어졌다.

안데르센의 입장에서는, 낯선 사람의 집을 방문해 도움을 청하는 일은 늘 있어온 일이었다. 때문에 처음 만났을 때 요나스 콜린에게 특별히 기대할 게 없다는 식의 결론을 내렸다고 한다. 이 날의 만남이 그의 인생 전체를 좌우할 만큼 중요한 의미를 갖는다는 사실을 당시에는 미처 헤아리지 못했던 것이다.

얼마 후, 안데르센의 희곡 원고가 반송되었다. 어느 정도는 예상한 일이라 크게 실망이 되지도 않았다.

한데 예전과는 달리, 전에는 보지 못했던 편지와 서류 등이 들어있었다. 편지는 안데르센이 문법학교에 진학해 라틴어와 맞춤법 등 기본적인 언어교육을 받을 수 있도록 하겠다는 내용이었다. 그러니까 요나스 콜린은 17살짜리 소년이 쓴 희곡을 통해, 어설프고 서투른 점은 많아도 앞으로 발전할 수 있는 문학적 재능이 충분하다고 판단하였던 것이다.

요나스 콜린은, 안데르센이 상상하는 것 이상으로 큰 거물이었다.

왕립극단 단장은 그의 여러 직책 중의 하나일 뿐이었다. 그는 자수성가한 인물로 당시 정계와 재계의 실력자였다. 특히 국왕의 신임이 두터워서 덴마크 왕의 자문기구인 추밀원 회원이었으며, 젊은 인재를 발굴해 후원하는 국왕 명의의 기금도 관리하고 있었다. 나중에 요나스 콜린은 의회에 진출하기도 하였다.

그 후 얼마 뒤, 왕립극단으로부터 뜻밖의 소식이 전해졌다. 요나스 콜린이 안데르센을 위해 국왕 후원금을 신청해 놓았는데, 정식으로 허락이 내려졌다는 내용이었다. 이렇게 해서 안데르센은 3년여 동안의 코펜하겐 생활을 접고, 1822년 가을부터 셸란 섬 서쪽에 위치한 슬라겔세의 문법학교에 다니게 되었다. 동급생들보다 대여섯 살이나 나이 많은 17살에 문법학교에 입학하게 된 것이다.

재키 울슐라거의 〈안데르센 평전〉에서는, 당시 요나스 콜린의 집이 브레드가데에 있었다고 설명하고 있다. 하지만 좀더 정확히 하자면 스토레 스트란스트레데 *Store Strandstræde* 3번지라고 해야 옳다. 요나스 콜린은 1802년부터 이 집에서 살았으며 1838년에 아말리에가데 *Amaliegade* 9번지로 이사하였다.

당시 건물을 구입한 유명한 제빵사 그랑장 *Christian Bredo Grandjean, 1811~1877*이 1854년에 오늘날처럼 주택을 크게 개보수하면서 브레드가데쪽에도 출입문을 만든 것이다. 그랑장은 건물 1층에서 페이스트리를 전문으로 파는 제과점 〈콘디토리〉 *Conditori* 등을 운영하였다. 그의 가게에는 왕립극장의 배우와 관계자들이 자주 찾아왔으며, 안데르센과도 친분이 두터웠다고 한다. 덴마크 발간의 자료들 역시, 요나스 콜린의 옛집 주소를 스토레 스트란스트레데 3번지라 설명하는 경우가 많다.

## 06

# 늦깎이 학생

슬라겔세 *Slagelse*는 코펜하겐에서 남서쪽으로 100여 킬로미터 떨어진 셸란 섬 서쪽에 위치한 작은 도시이다. 일찍부터 상크트 미켈스 교회 *Sankt Mikkels Kirke*가 서있는 언덕을 중심으로 마을이 형성되었으며, 11세기에는 무역의 중요 거점으로 인식되어 물자가 활발하게 거래되기도 했다. 멀지 않은 곳에 10세기에 세워진 바이킹 때의 원형 요새인 트렐레보르 Trelleborg 유적지가 있다.

슬라겔세 문법학교는 오랜 역사를 가진 학교였다. 16세기 초부터 기록에 나타나기 시작하며, 특히 1616년 크리스티안 4세 때에는 학교 건물이 상크트 미켈스 교회 근처에 세워졌다. 그 후 2백 년 가까이 운영되어오다가, 안데르센이 오기 전인 1809년경에 마을 한가운데인 지금의 브레드가데 6번지로 옮겼다.

### 슬라겔세와 메이슬링 교장

안데르센은 1922년 10월에 슬라겔세에 도착했다. 당시 문법학교는 4년제였으며, 그는 2학년에 편입하였다. 안데르센은 '기적처럼 찾아온' 좋은 기회를 맞아 열심히 공부할 생각이었다. 한데 난처한 것은, 그가 다른 학생들보다 6,7살가량 나이가 많다는 점이었다. 원래 같은 또래보다도 키가 큰 편이었는데, 나이까지 차이가 나니 더욱 두드러져 보였다. 다른 아이들보다 머리 하나는 더 컸던 것이다. 기이한 교실 풍경은, 한동안 마을 사람들의 좋은 이야기 거리가 되곤 했다.

당시 학교에서는 덴마크 어를 비롯해서 역사, 지리, 수학, 종교 등 다양한 과목을 가르쳤다. 그리고 라틴어를 비롯해서 독일어와 희랍어 등 외국어도 학과목에 들어 있었다. 안데르센은 열심히 공부해서, 그럭저럭 다른 아이들과 보조를 맞추어 나갈 수 있었다.

그러나 라틴어와 희랍어만큼은 쉽지 않았다. 두 과목 모두 처음 공부하는 것이라, 그로서는 백지 상태나 다름없었다. 게다가 라틴어 등을 가르치는 선생님이, 바로 모두가 두려워하는 교장 시몬 메이슬링이었다.

시몬 메이슬링 *Simon Meisling, 1787~1856*은, 코펜하겐 출신으로 비교적 젊은 35살의 고전 연구가였다. 몇 년 전에 로마 시대 최고의 시인인 베르길리우스 *Publius Vergilius Maro, BC 70~BC 19*의 장편 서사시 〈아이네이스〉 Aeneis를 덴마크어로 번역해서 그 실력을 널리 인정받은 바 있었다.

교장 시몬 메이슬링은 다혈질에 아집(我執)이 무척 센 사람이었다. 자기감정을 다스리지 못해 화를 버럭 내기 일쑤였으며, 거친 말을 어린 학생들에게 함부로 쏟아내곤 했다.

안데르센에게도 마찬가지였다. 라틴어와 희랍어는 처음 공부하는 것이라 교장의 질문에 쩔쩔매곤 했는데, 그때마다 큰 목소리로 호통을 쳐댔다. 매섭게 야단치는 것은 물론, 그것을 빌미로 조롱거리 삼아 빈정 거리기도 했다. 나이만 많을 뿐 제대로 아는 게 없다는 식의 조롱이었 다.

그때마다 안데르센은 마음에 큰 상처를 받았다. 교실에서 아이들이 지켜보는 가운데에서 눈물을 흘린 적도 있었다.

### '완벽하면서 이상적인' 후원자

그해 겨울, 안데르센은 크리스마스 휴가를 얻어서 코펜하겐으로 향했다. 후원자 요나스 콜린으로부터 정식으로 식사 초대를 받았던 것이다. 이 자리에서 그는 처음으로 요나스 콜린의 가족들과 인사를 나누게 되었다.

자서전이나 일기 등에서 알 수 있듯이, 안데르센은 요나스 콜린을 존경하였으며 절대적으로 신뢰하고 있었다. 평소 아버지처럼 여겼으며 실제로 스스럼없이 '아버지'라 부르기도 했다. 사실 요나스 콜린은 1776년 출생으로 안데르센보다 29살이나 나이가 많았다.

요나스 콜린은 이성적이며 합리적인 인물이었다. 언행도 흠잡을 데 없이 신중했다. 흔히 보는 후원자들처럼, 거만을 떨거나 일방적으로 피후원자를 자신의 방식대로 끌고 가려고 하지도 않았다. 묵묵히 지켜보고 있다가 필요한 경우 조용히 나서서 도움을 주는 경우가 많았다.

안데르센의 성공은 후원자 요나스 콜린 때문에 비로소 가능하게 되었다고 할 수 있다. 더구나 그는 후원자로서 '완벽하면서도 이상적인' 좋은 조건을 갖춘 인물이었다. 이 같은 요나스 콜린을 후원자로서 두게

**슬라겔세 슈바이체르 광장**
슬라겔세는 셸란 섬 서쪽에 위치한 도시로 11세기에는 무역의 중요 거점으로 인식되던 곳이다.
가까운 곳에 10세기의 바이킹 원형 요새인 트렐레보르 유적지가 있다.

된 것이야말로, 하늘이 안데르센에게 내린 '행운 중의 행운'이라고 할 수 있다.

### 콜린 가족과 평생 가까이 지내

한편으로 요나스 콜린을 두려워하기도 했다. 안데르센은 자서전에서 '진심으로 그를 사랑하지만 나는 아버지가 정말로 무서웠다'라면서, 그 이유에 대해 '내 인생의 행복, 아니 내 존재 모든 것이 그에게 달려 있었기 때문이다'라고 밝히고 있다. 이에서 알 수 있듯이, 당시 17살이던 안데르센에게 요나스 콜린은 '절대적인' 의미를 갖는 중요한 인물이었던 것이다.

첫 만남 이후, 안데르센은 틈이 날 때마다 요나스 콜린의 집을 방문하였다. 그의 집안은 가족 간에 화목하고 사회적으로도 성공한, 전형적인 부르주아 가정이었다. 안데르센은 이 가족들이 만드는 따뜻하고 온화한 분위기가 너무 부러워서, '진정한 나의 집'이라 부르며 자주 찾았다. 그리고 요나스 콜린의 가족들과 평생 한 식구나 다름없이 가깝게 지냈다. 요나스 콜린의 아들들의 회상에 따르면, 안데르센은 자신이 요나스 콜린의 가족으로 대우받았을 때 가장 행복해 했었다고 한다.

요나스 콜린의 아내는, 남편보다 나이가 4살 많은 헨리에테 콜린 *Henriette Christine Collin, 1772~1845*이었다. 두 사람은 큰 딸 잉게보르*Ingeborg, 1804~1877*를 비롯해서 고틀리브*Gottlieb, 1806~1885*, 에드바르*Edvard, 1808~1886*, 루이제*Louise 1813~1898*, 테오도르*Theodor, 1815~1902* 등의 3남 2녀를 두었다.

모두들 안데르센과 나이가 비슷했으며, 성격 또한 밝고 따뜻해서 서로 다정하게 지냈다. 나중에 이들은 사회적으로 모두 안정된 위치에 올랐는데, 두 딸은 판사와 결혼하였으며, 세 아들은 변호사, 경제인 등의 전문 직업인으로 활동하였다. 그리고 이들 대부분은 안데르센과 평생 교류를 하였는데, 막내 테오도르의 경우 그의 주치의가 되어 말년에 이른 안데르센의 건강을 돌봐주기도 했다.

특히 둘째 아들 에드바르 콜린은, 양성애(兩性愛) 성향을 가진 안데르센이 한때 우정 이상의 감정을 느꼈던 인물이다. 안데르센보다 3살 아래인 1808년 출생으로 훗날 아버지처럼 정부 관리이자 은행가로서 활동하였다. 두 사람은 한때 미묘한 감정을 주고받았지만, 성적인 관계로까지 발전하지는 않은 것으로 보는 견해들이 많다.

아무튼 에드바르 콜린은, 안데르센의 삶을 이해하는데 중요한 위치를 차지하는 인물이다. 특히 안데르센은 나중에 유서를 통해 3만 릭스달러에 달하는 재산과 작품의 저작권 등을 그에게 남기기도 했다.

1845년 헨리에테 콜린이 임종할 당시, 안데르센은 콜린 가족들로부터 급한 연락을 받고 그 자리에 불려갔다고 한다. 이처럼 안데르센은 요나스 콜린의 가족과, 평생 동안 한 식구나 다름없이 가까이 지냈으며 깊은 신뢰를 쌓아갔던 것이다.

### 소뢰의 잉게만을 찾아가다

슬라겔세 문법학교는 대학 진학을 위한 예비학교로서의 성격도 갖고 있었다. 뛰어난 재능을 가진 아이들을 선발해 상급학교에 진학할 수 있도록 지도해 왔던 것이다.

당시까지 슬라겔세 문법학교가 배출한 저명인사로는 바겐센과 잉게만 등이 있었다. 이들 모두 19세기 덴마크 문단을 이끌어간 시인,

소설가이다. 이들 외에 유명한 배우 로젠킬레*Christian Niemann Rosenkilde, 1786~1861*와 19세기 덴마크 당대 최고의 화학자 차이세*William Christopher Zeise, 1789~1847* 등도 이 학교를 졸업한 인물이다.

 1823년 새 학기가 시작되었다. 그렇지만 상황은 하나도 달라지지 않았다. 메이슬링 교장은 여전히 안데르센이 실수할 때마다 독설 섞인 조롱과 멸시를 퍼부었다. 당시 그의 일기나 편지 등에는 메이슬링 교장

**상크트 미켈스 교회**
슬라겔세는 상크트 미켈스 교회가 있는 언덕을 중심으로 도시가 형성되었다. 사진 왼쪽의 붉은 벽돌집이 16세기 초부터 사용되던 문법학교였으나, 안데르센이 오기 전에 마을의 다른 곳으로 옮겼다.

으로부터 받은 정신적인 상처들이 여실히 기록되어 있다.

그해 부활절, 안데르센은 고향 오덴세를 방문하였다. 자랑스럽게도 덴마크 국왕의 후원금을 받는 문법학교의 학생 신분으로 고향을 방문하게 된 것이다. 정식교육을 받지 못한 어머니는 아들이 대견스러워 눈물을 멈출 줄 몰랐다. 하지만 많은 이야기를 들려주던 카셀 출신의 할머니는 이미 돌아가신 뒤였다.

그때 안데르센은 1주일 동안만 오덴세에 머물 수 있었다. 4년 만에 와보는 고향이었지만, 어처구니 없게도 메이슬링 교장이 5명이나 되는 자신의 아이들을 돌봐야한다며 1주일만 허락했기 때문이다.

메이슬링 교장은 평소 안데르센을 거칠게 대하면서도 자기 아이들을 그에게 맡겼다. 안데르센에게는 아이들을 즐겁게 하는 수많은 재주가 있었기 때문이다. 책 읽어주기를 비롯해서 인형놀이, 노래 부르기, 춤추기, 종이 오리기 등 다채로운 재능을 갖고 있었다.

메이슬링 교장의 횡포는 갈수록 더욱 거칠어졌다. 함부로 내뱉는 폭언에 가슴이 무너져 내리는 것 같았으며, 한때는 학교 성적까지 나빠져서 1824년 가을에는 진급시험에 떨어지기도 했다.

이처럼 정신적으로 힘들 때면, 안데르센은 먼 길을 걸어 소뢰_Sorø_까지 걸어갔다. 그곳 학교 교사로 있는 시인 겸 소설가 잉게만_Bernhard Severin Ingemann, 1789~1862_을 만나기 위해서였다.

잉게만은 1789년생으로 안데르센보다 16살이나 많았다. 당시 그는 여성화가 루시와 결혼해서 슬라겔세에서 10여 킬로미터 떨어진 소뢰의 한 학교에서 학생들을 가르치고 있었다.

잉게만 역시 안데르센과 같은 슬레겔세 문법학교 출신이었다. 가난한 집안 출신이었으며, 10대 후반의 젊은 나이에 어머니와 형을 잃는 등 많은 어려움을 겪어, 어느 누구보다 안데르센의 어려운 처지를 이해하고 있었다.

그래서 안데르센은 잉게만과 얼굴을 마주하고 앉아 이야기를 나누면 마음이 한결 편해지면서 많은 위안을 받을 수 있었다. 이 때문에 안데르센은 힘든 곤경에 처할 때마다, 소뢰까지의 10킬로미터 길을 마다하지 않고 걸어가서, 아직 신혼의 달콤한 꿈에 젖어있는 그를 만나곤 했던 것이다.

더구나 당시 안데르센은 창작에 관심을 갖기 시작할 때였다. 잉게만은 막 피어오르기 시작하는 안데르센의 문학적 관심과 열망을 이해하고 격려해 준 인물이었다.

### 덴마크 낭만주의 문학과 잉게만

잉게만은 원래 시인으로 출발하였다. 하지만 20대 초반의 젊은 나이에 독일 드레스덴과 베를린 등지를 여행하면서 당시 독일 낭만주의의 주도하고 있던 프리드리히 폰 슐레겔 *Friedrich von Schlegel, 1772~1829*, 루드비히 티크, 에른스트 호프만 등과 친분을 쌓은 후부터 본격적으로 소설에 관심을 갖기 시작했다. 잉게만은 특히 영국의 월터 스콧의 소설을 좋아하였으며 많은 영향을 받았다.

훗날 잉게만은 덴마크 낭만주의 문학을 대표하는 소설가가 되었다. 특히 1828년에 〈에리크 멘베드 왕의 소년 시절〉 *Erik Menveds Barndom* 등과 같은 민족의식을 고취하는 역사소설을 발표해서 젊은 독자들로부터 높은 인기를 얻기도 했다.

당시 안데르센은 수업이 없는 휴일이면 단편소설을 쓰는 등 창작에 몰두하였다. 하지만 메이슬링 교장은 학생 신분의 안데르센이 소설 습작하는 것에 대해서 몹시 못마땅하게 생각하고 있었다. 무슨 이유 때문인지는 정확히 전해지지 않지만, 철자법이나 맞춤법 등을 제대로 모르면서 글을 쓴다는 게 가당키나 한 일이냐는 식의 조롱 섞인 멸시 때문인 것으로 보인다.

### 메이슬링 교장의 엉뚱한 제의

그때 놀라운 소식이 전해졌다. 메이슬링 교장이 다음해인 1826년부터 헬싱외르에 있는 학교로 발령이 나서 그곳으로 전근가게 되었다는 것이다. 마침내 메이슬링의 손아귀에서 벗어날 수 있는 좋은 기회가 온 것이다.

한데 메이슬링 교장이 안데르센에게 엉뚱한 제의를 해왔다. 자신과 함께 헬싱외르로 가서 사택에서 함께 지내며 아이들을 돌봐준다면, 대학 입학시험에 합격할 수 있도록 라틴어와 희랍어 교습을 특별히 해주겠다는 것이다. 안데르센은 그 제안을 받아들일 생각이 없었다. 사실 대학에 진학할 생각도 별로 없었다.

하지만 메이슬링의 제의가 후원자 요나스 콜린의 귀에 들어가게 되면서 일이 어긋나기 시작했다. 요나스 콜린은 편지를 통해서 국왕의 후원금을 계속 받기 위해서는 대학 진학이 필요하며, 그의 제의를 받아들여 헬싱외르로 학교를 옮기는 게 좋겠다는 뜻을 전해왔다. 이렇게 해서 안데르센은 할 수 없이, 새해부터 덴마크 북부지방의 항구도시 헬싱외르에서 학교를 다니게 되었다.

**크론보르 성**
헬싱외르에 있는 르네상스 양식의 16세기 고성으로, 셰익스피어의 비극 <햄릿>의 무대로 널리 알려져 있다.
2000년 유네스코 세계문화유산으로 지정되었으며, 여름에는 셰익스피어의 연극이 상연된다.

그해 말, 안데르센은 불프 대령_Peter Frederik Wulff, 1774~1842_의 초대를 받아 코펜하겐에서 크리스마스를 보냈다. 그는 군인이면서도 셰익스피어 번역가로서 높은 명성을 얻고 있던 인물이었다.

그 자리에서 대령의 딸 헨리에테 불프_Henriette Wulff, 1804~1858_와 처음 인사를 나누게 되었다. 그녀는 비록 장애인이었지만 두뇌가 명석하였으며 성격도 쾌활했다. 두 사람은 좋은 친구가 되었는데, 안데르센이 속마음을 털어놓을 수 있었던 몇 안 되는 인물 중의 하나였다. 하지만 안타깝게도 1858년 해상 사고로 일찍 사망하고 말았다.

1826년 봄, 안데르센은 메이슬링을 따라 헬싱외르로 이사했다. 그러니까 1822년 10월부터 슬라겔세에서 무려 3년 반 동안이나 보낸 것이다.

헬싱외르_Helsingør_는 덴마크 북부 제일의 항구도시이다. 외레순 해협을 사이에 두고 스웨덴 헬싱보리_Helsingborg_와 마주보고 있어 일찍부터 전략적 요충지로 인식되었다. 그리고 발트 해의 관문이라는 지리적 특성을 활용해 앞바다를 지나가는 배들로부터 통행료를 거두어들이는 등 엄청난 부를 누릴 수 있었다. 헬싱외르가 낳은 역사적인 인물로는 바로크 시대 최고의 음악가 요한 제바스티안 바흐의 스승인 디트리히 북스테후데_Dietrich Buxtehude, 1637?~1707_ 등을 들 수 있다.

### 〈햄릿〉의 무대, 헬싱외르의 크론보르 성

도시의 동쪽 한적한 바닷가에는 1585년 프레데릭 2세_Frederick II, 1534~1588_ 때에 완공된 아름다운 크론보르 성_Kronborg Slot_이 자리 잡고 있다. 이 우아한 르네상스 양식의 고성은 셰익스피어의 명작 〈햄릿〉의 무대로 알려져 있으며, 2000년에 유네스코 세계문화유산으로 지정되었다.

안데르센은 헬싱외르에 도착한 날부터 메이슬링 교장 가족과 한 집에서 생활하게 되었다. 하지만 같이 살게 되면서 상황이 더욱 악화되었다. 하인 다루듯이 함부로 온갖 잡일을 시켰던 것이다. 마을 사람들도 처음에는 가깝게 지냈으나 시간이 갈수록 점차 메이슬링과 그 아내를 멀리하기 시작했다.

안데르센은 그동안 편지 등을 통해 자신의 어려운 처지가 요나스 콜린에게 전달되도록 애를 썼다. 하지만 요나스 콜린은 그때마다 메이슬링이 나쁜 의도를 갖고 있다고 볼 수 없다면서, 대학교에 입학하게 되면 모든 게 자연스럽게 해결될 터이니, 학교 공부에 더욱 매진하라고 할 뿐이었다.

메이슬링 교장의 횡포와 오만불손(傲慢不遜)한 행태는 시간이 갈수록 더욱 심해졌다. 그를 마주할 때마다 숨이 탁탁 막힐 정도였다. 이 무렵 안데르센은 절망에 빠진 자신의 처지를 표현하는 듯한, 〈죽어가는 아이〉 *The Dying Child* 라는 제목의 시를 발표하였다.

### '가장 암울하고 불행했던 시기'

다행히 그때, 뜻하지 않은 도움의 손길이 다가왔다. 젊은 교사 중의 한 사람이 요나스 콜린을 찾아가, 메이슬링 교장이 그동안 안데르센에게 얼마나 거칠게 대했는지에 대해 상세히 설명하였던 것이다. 비로소 사실을 알게 된 요나스 콜린은, 안데르센에게 당장 헬싱외르의 학교를 그만두게 하였다. 그리고 대학 진학을 위한 나머지 공부는 코펜하겐에서 개인교사의 도움을 받아 마칠 수 있게 하겠다고 말했다.

이렇게 해서 안데르센은 메이슬링 교장으로부터 완전히 벗어날 수 있게 되었다. 그리고 코펜하겐에서 다시 생활할 수 있게 되었던 것이다.

헬싱외르를 떠나는 날이었다. 안데르센은 인사차 메이슬링 교장을 찾아갔지만, 그는 막무가내로 화를 내면서, 안데르센은 결코 대학생이 될 수 없으며 그가 쓴 책들은 사람들로부터 외면을 받게 될 것이라는 등등의 악담까지 퍼부었다.

몇 년 뒤, 안데르센이 시인으로 등단하고 이탈리아를 배경으로 한 소설 〈즉흥시인〉을 출간하였을 때였다. 우연히 코펜하겐에서 메이슬링 교장을 만나게 되었는데, 그가 먼저 악수를 청하면서 자신이 잘못하였다며 사과하였다고 한다.

안데르센은 자신의 자서전에서 헬싱외르에서 메이슬링과 함께 보낸 1년여의 기간을 '내 인생에서 가장 암울하고 불행했던 시기'라고 적고 있다. 그리고 그 후에도 상당히 오랜 기간 동안 "메이슬링이 꿈에 나타났는데, 그때마다 악몽에 시달린 듯 몹시 힘들었다"라고 술회하고 있다. 안데르센은 17살 때부터 22살이 될 때까지 무려 4년 반 동안이나, 조롱과 멸시, 질타, 힐난 등 메이슬링 교장의 일방적인 언어폭력에 시달리며 힘든 시절을 보냈던 것이다.

### 대조적인 성향의 두 인물

안데르센이 17살이었던 1822년은 그의 삶에 있어서 매우 의미 있는 해라고 할 수 있다. 드라마틱하게도 불과 몇 개월의 시차를 두고서, 가

**헬싱괴르 문법학교**
안데르센은 헬싱외르에서 교장과 같은 집에서 살며 힘든 시절을 보냈다. 1826년부터 1827년까지 1년 반 정도 이곳에서 공부하였는데, 학교 건물은 현재 폐쇄되어 있다.

장 극단적인 성향을 가진 두 인물을 만났기 때문이다.

기적처럼 다가와서 행운의 손길을 내민 '평생의 은인' 요나스 콜린. 교육자로서의 본분을 망각하고 제자를 함부로 조롱하고 멸시하던 '평생의 악연(惡緣)' 메이슬링. 17살의 안데르센은, 이처럼 대조적인 인물들을 통해 인생을 배워가고 있었으며, 이 과정을 통해 인간과 세상을 바라보는 눈도 한결 성숙해졌을 것이다.

안데르센은 이제 건장하고 늠름한 체격을 가진 22살의 청년이 되어 코펜하겐을 향해 성큼 걸음을 내딛었다. 새롭게 자신의 꿈을 펼쳐나갈 그 도시를 향해.

**그로브뢰드레토르의 레스토랑**
코펜하겐에서는 3,4백년 된 오래된 건물을 어렵지 않게 발견할 수 있다.

**코펜하겐 콤파니스트레데에 있는 빈티지 숍**
시내 번화가 바로 옆에 있지만 한산하면서도 매력적인 곳이라, 찾는 사람들이 점차 늘고 있다.

## 07

# 다시 코펜하겐 앞에 서다

1827년 봄, 안데르센이 마침내 코펜하겐 거리에 모습을 드러냈다. 낯선 지방도시에서의 생활을 마감하고 그토록 꿈에 그리던 도시에 돌아온 것이다. 코펜하겐을 지극히 사랑했던 그로서는 이때의 감회가 무척 각별할 수밖에 없었을 것이다.

### 청회색 눈동자의 22살 청년

지난 4년여 동안, 안데르센은 몰라보게 달라져 있었다. 10대 후반의 미소년에서, 긴 다리와 넓은 어깨 그리고 짙은 청회색 눈동자를 가진 어엿한 22살의 청년으로 성장했던 것이다. 180cm가 넘는 키에 300mm의 발 크기를 가진 장신의 청년이었다.

안데르센은 이번에도 왕립극장의 건물이 바로 보이는 콩겐스 뉘토르 가까운 곳에 방을 잡았다. 주소는 빙고르스트레데 *Vingårdstræde* 6번지. 오늘날 마가쟁 뒤 노르 건물 뒤편으로, 백화점에서 운영하는 박물관 입구 주변이다. 홍등가 속했던 예전의 하숙집과는 불과 수십 미터 거리를 둔 곳이다.

안데르센이 세를 얻은 집은 어느 미망인의 소유로, 그 일대에서 가장 낡고 허름한 건물이었다. 안데르센의 방은 건물 맨 위에 위치한 작은 다락방이었는데, 그 창문을 통해 성 니콜라스 교회의 종탑 등 시내 풍경이 잘 보였다고 한다. 현재 이 건물은 남아있지 않으며, 그 자리에 백화점과 고급 상가들이 들어서 있다. 한편 1839년 겨울에 발표한 〈그림 없는 동화〉는 다락방을 배경으로 하고 있다.

당시 안데르센에게 가장 시급한 일은 대학 진학을 위한 시험 준비였다. 수학과 역사 등은 그런대로 괜찮았지만, 라틴어 등 외국어 과목은 기초실력이 부족해서 많이 뒤쳐져 있었다. 이에 따라 요나스 콜린은, 전에 약속한 대로 시험 준비를 위해 라틴어 등을 가르칠 개인교사를 붙여주었다.

개인교사의 이름은 루드비 크리스티안 뮐러 *Ludvig Christian Müller, 1806~1851*. 당시 그는 안데르센보다 나이가 1살 어린 21살이었다. 그렇지만 외국어에 천재적인 재능을 갖고 있어서, 라틴어를 비롯해서 희랍어, 히브리어, 아이슬란드어 등에 탁월한 능력을 갖고 있었다.

훗날 그는 1830년에는 〈아이슬란드어 문법〉을 1834년에는 〈히브리어 문법〉 등의 어학 책을 펴냈으며, 한동안은 유명한 사회지도자였던 니콜라이 그룬트비 *Nikolai Frederik Severin Grundtvig, 1783~1872*와 같이 일하기도 하였다. 그리고 1836년에는 〈덴마크의 역사〉를 출간하였으며, 이후 주로 덴마크 역사와 문화에 대해 강의하고 세미나를 주관하였다. 그러나 애석하게도 1851년에 45살의 나이로 세상을 뜨고 말았다.

**우리 구세주 교회**
크리스티안하운 지역을 상징하는 교회이다. 400개 가까운 유선형 계단을 올라가면
천정이 없는 계단으로 이어지면서 시내가 한눈에 들어온다.

안데르센은 훗날 자서전에서, 그를 가리켜 "가장 고상하고 친절한 사람"이라고 회고하고 있다. 함부로 거친 말을 하며 괴롭히던 메이슬링 교장과는 전혀 다른 인간형이었던 것이다.

개인교사 루드비 크리스티안 뮐러 안데르센은 개인교습을 받기 위해, 매일 콩겐스 뉘토르 광장 근처의 집을 출발했다. 번잡하고 어수선한 홀맨스 운하*Holmens Kanal*와 크리스티안하운 일대를 지나, 아마게르 지역 안으로 걸어 들어갔는데, 개인교사 뮐러가 항구 건너편에 위치한 이 지역에서 살고 있었기 때문이다.

아마게르*Amager*는 코펜하겐의 동쪽에 위치하고 있는 넓은 지역으로, 중세 때부터 채소 등의 농산물을 주로 재배해왔다. 코펜하겐 시내에는 아마게르토르*Amagertorv*라는 이름의 광장이 있는데, 아마게르에서 농사짓던 사람들이 이곳에 모여 채소 따위를 팔았기 때문에 그 같은 이름으로 불리게 되었다.

오늘날의 지도를 살펴볼 때, 콩겐스 뉘토르 광장 일대에서 아마게르 지역으로 건너가는 가장 빠른 길은, 코펜하겐의 발상지라 불리는 슬로츠홀멘 섬의 크니펠 다리를 건너 크리스티안하운을 지나가는 것이라 할 수 있다. 19세기에도 사정이 크게 다르지 않아, 아마 안데르센은 빙고르스트레데 6번지의 집을 나와 지금의 브레메르홀름*Bremerholm*, 하운네가데*Havnegade* 등의 거리를 거치거나, 덴마크 왕립극장 앞의 대로를 따라 다리로 접근한 뒤에 토르베가데*Torvegade*를 따라 아마게르 안으로 들어섰을 것이라 짐작된다.

크니펠 다리*Knippelsbro*는 1620년경 크리스티안 4세 때에 처음으로 세워졌으며, 당시에는 '긴 다리' 혹은 '위대한 아마게르 다리' 등으로 불렸다. 1712년 새로운 목조 다리가 지어졌으며, 다시 1백여 년 뒤인 1816년에 3번째의 다리가 같은 위치에 세워졌다. 그러니까 안데르센이 건너다녔던 다리는, 조각가 프레데릭 윌레루프_Frederik Christian Willerup, 1742~1819_의 작품이 새겨져 있던 3번째 목조다리인 셈이다.

이 크니펠 다리가 철제 다리로 바뀌기 시작한 것은 1869년경이었다. 지금의 다리는 1937년경에 건설되었는데, 배가 지나갈 때 통행이 가능하도록 다리 한쪽이 들리는 도개교(跳開橋)의 구조를 하고 있다. 코펜하겐에는 현재 랑게브로_Langebro_와 더불어 2개의 도개교가 있다.

당시 안데르센은 그 어느 때보다 행복한 시간을 보냈다. 낮에는 아마게르까지 왕래하면서 라틴어 개인교습을 받고, 밤에는 다락방에서 마음껏 책을 읽고 글을 쓸 수 있었기 때문이다. 게다가 지난 몇 년 동안의 정신적 고통을 보상받기라도 하듯이, 새롭고 참신한 시상(詩想)과 문학적 착상이 마구 솟아나서, 그는 그것들을 메모하고 다듬느라 여념이 없었다. 이 같은 꿈같은 시간은 코펜하겐에 다시 자리 잡은 1827년 봄부터 자격시험에 합격할 때까지, 1년 넘게 지속되었다.

1828년 9월, 23살의 안데르센은 마침내 대학입학 자격시험에 합격하였다. 문법학교에 다니기 시작한 지 무려 6년만에 대학생이 된 것이다. 요나스 콜린과 그 가족들 역시 그의 합격을 무척 기뻐해주었다.

### 1929년에 첫 작품집 출간해

안데르센은 대학입학 자격시험에 합격한 뒤 본격적으로 창작에 매달렸다. 개인교습을 위해 크니펠 다리를 오갈 때에 떠오른 수많은 문학적 영감(靈感)들을 작품으로 다듬어나가기 시작한 것이다.

**크니펠 다리**

19세기 당시 코펜하겐 시내에서 아마게르 지역으로 건너가려면 이 다리를 건너야 했다. 1620년경에 처음 세워졌으며 지금의 다리는 1937년에 건설되었다. 배가 지나갈 수 있도록 다리 일부가 들리는 도개교이다.

이렇게 해서 〈1828, 1829 홀멘 운하에서 아마게르 섬 동쪽 끝까지의 도보 여행기〉*Fodrejse fra Holmens Kanal til Østpynten af Amager i aarene 1828 og 1829*가 탄생하게 되었다. 흔히 줄여서 〈도보 여행기〉라 부르며, 본격적인 의미에서 안데르센의 첫 작품이라 할 수 있었다.

안데르센은 이 작품을 1828년 9월경부터 쓰기 시작해 그해 12월 초에 완성하였다. 책이 출간된 것은 1829년 1월 2일이었으며, 그의 나이 24살이 되는 해였다.

〈도보 여행기〉는 일종의 환상적인 모험담이다. 한 해가 저무는 연말, 주인공인 시인이 코펜하겐의 홀멘 운하에서 도시의 동쪽 아마게르 지역까지 걸어가게 되는데, 이때 문학작품 속의 주인공을 비롯해서 종교적인 성인과 집 잃은 고양이 등을 만나 다양한 일을 겪는 내용을 다룬 작품이다.

책 제목에서 짐작할 수 있듯이, 안데르센이 지난 1년 반 가까이 개인교습을 받기 위해 아마게르 지역을 오고갈 때의 체험을 바탕으로 하고 있다. 특히 이 작품을 쓸 때에 독일 작가 호프만의 〈제야除夜의 모험〉 등으로부터 큰 영향을 받았다. 이 때문에 재키 울슈라거의 〈안데르센 평전〉에서는 이 작품을 가리켜 '호프만 식의 희극적 동화'라 평가하고 있다.

에른스트 호프만*Ernst Hoffmann, 1776~1822*은 독일 낭만주의 문학을 대표하는 작가이다. 발트 해 연안의 도시 칼리닌그라드 출신으로 음악과 그림 등에도 재능을 갖고 있었으며, 법률가로서 대법원 판사를 지내는 등 특이한 이력을 갖고 있는 인물이다. 특히 그는 〈수고양이 무어의 인생관〉 등과 같은 환상적이면서 그로테스크한 작풍의 소설을 발표하여 당시 작가들에게 큰 영향을 미쳤다. 미국의 에드가 앨런 포$_{Edgar\ Allan\ Poe,}$ $_{1809~1849}$ 역시 그의 작품을 좋아하였으며, 오펜바흐의 오페레타 〈호프만의 이야기〉는 그의 단편 소설들을 바탕으로 작곡된 오페라이다. 하지만 과음과 신경쇠약 등으로 46살이라는 이른 나이에 세상을 떠나, 많은 충격과 아쉬움을 남기기도 했다.

안데르센은 아버지의 영향으로 어린 시절부터 셰익스피어의 작품을 좋아했다. 그리고 문학에 관심을 갖게 되면서, 스코틀랜드 출신의 영국 작가 월터 스콧$_{Walter\ Scott,\ 1771~1832}$과 시인 하인리히 하이네$_{Heinrich}$ $_{Heine,\ 1797~1856}$ 그리고 호프만의 작품에 깊이 매료되었으며 많은 영향을 받았다.

한편 안데르센의 〈도보 여행기〉는 적지 않은 문제점을 갖고 있었다. 신인 작가의 작품에서 흔히 발견할 수 있는 문제점들을 고스란히 노출시키고 있었던 것이다. 기발한 발상과 독특한 이야기 전개 등으로 사람들의 호기심을 이끌었지만, 전체적으로 서투르고 비약이 심했으며 은유법 등을 과도하게 사용하고 있었다.

한데 뜻밖에도 비평가이자 극작가인 하이베르가 그 작품에 대해 높은 평가를 했다. 요한 루드비 하이베르$_{Johan\ Ludvig\ Heiberg,\ 1791~1860}$는 덴마크 보드빌의 창시자라 평가받을 만큼 인기 있는 희가극(喜歌劇)을 발표하여 당시 문단에 확고한 위치를 확보하고 있던 인물이었다. 이 같은 인연에 힘입어 안데르센은 한동안 보드빌 창작에 매달리기도 했다.

### 무작정 상경 10년만에 이룬 꿈

1829년 4월 25일, 기적과 같은 일이 일어났다. 안데르센이 쓴 짧은 1

막의 작품이 왕립극장의 무대 위에 오르는 행운을 맞게 된 것이다.

작품 이름은 〈성 니콜라스 탑 위의 사랑〉*Kjærlighed paa Nicolai Taarn*. 시내 중심지에 있는 높은 첨탑을 가진 네오 바로크 양식의 성 니콜라스 교회에서 영감을 얻어 쓴 작품이다.

이 작품은 당시 유행하던 하이베르 스타일의 희가극으로, 딸의 결혼에 반대하는 야경꾼의 이야기를 다루고 있다. 흔한 설정임에도 불구하고 관객의 적극적인 호응을 이끌어내면서 한동안 인기를 끌었다.

첫날 공연이 끝나고 막이 내렸을 때였다. 다행히 많은 관객들이 우레와 같은 갈채를 보냈다. 안데르센은 이에 고무되어 극장을 뛰쳐나가 요나스 콜린의 집으로 달려갔다. 〈성 니콜라스 탑 위의 사랑〉의 성공을 알리기 위해서였다. 하지만 그는 집에 없고 그의 아내만이 집을 지키고 있었다.

24살의 청년 안데르센은 거실 소파에 엎어져 눈물을 쏟아내기 시작했다. 그러자 부인은 손을 어깨에 얹으며 "너무 실망하지 마세요. 유명한 극작가들도 자주 관객들로부터 야유를 받는다고 하던데."라며 위로했다. 이에 안데르센은 몸을 일으키며 감격에 겨운 목소리로 "관객들이 함성을 지르며 갈채를 마구 보냈다구요."라며 크게 외쳤다고 한다.

앞에서 이야기한 것처럼, 왕립극장은 안데르센에게 있어 매우 각별한 의미를 가진 곳이다. 14살의 어린 나이에 무일푼으로 상경을 감행한 이유도 바로 이 왕립극장의 무대 위에 오르고 싶다는 꿈 때문이었다. 안데르센은, 그 꿈을 코펜하겐에 무작정 상경한지 무려 10년만인 1829년에 이룬 것이다.

그 해 6월, 안데르센은 고향 오덴세를 방문해 어머니를 만났다. 자

**성 니콜라스 교회**

안데르센은 1829년 4월에 처음으로 자신의 작품을 왕립극장의 무대 위에 올렸다. 이때의 작품이 높은 첨탑을 가진 성 니콜라스 교회에서 영감을 얻어 쓴 짧은 1막의 작품 〈성 니콜라스 탑 위의 사랑〉이다.

랑스럽게도 그는 대학생 신분이었으며, 소설가이자 극작가로 화려하게 활동하기 시작했던 것이다. 게다가 그해 말 크리스마스 즈음해서는 첫 번째 시집 〈시〉Digte까지 발간하였다.

24살 청년 안데르센에게, 1829년 한 해는 작가로서 새롭게 태어난 해라고 할 수 있었다. 처음 출간하는 소설집과 첫 번째 시집 그리고 첫 무대공연. 안데르센은 소설과 시, 희곡 등 다양한 장르에서 자신의 재능을 선보이며, 작가로서의 출발을 세상에 알릴 수 있었던 것이다. 다양한 재능을 가진 '작가 안데르센'의 탄생이었다.

### 첫사랑 리보르 보이그트

1830년에 들어서서 안데르센은 친구와 함께 덴마크의 여러 지방을 여행했다. 특히 윌란 반도 Jylland Halvø는 독특한 자연풍경과 고유색 짙은 향토문화를 갖고 있어서 깊은 인상을 받았다. 이후 그는 윌란 일대의 독특한 풍광(風光)을 좋아해 자주 찾았으며, 이곳에 대한 글을 꾸준히 발표하기도 하였다.

그해 여름, 안데르센은 친구 크리스티안 보이그트 Christian Voigt, 1809~1888의 고향 포보르 Faaborg를 방문했다. 포보르는 퓐 섬 남서쪽에 위치하고 있는 오래된 항구도시이다. 보이고트의 집은 항구 가까운 곳에 자리 잡고 있었는데, 현재에도 남아있다고 한다.

이때 안데르센은 친구 대신 마중 나온 3살 위의 누나 리보르 보이그트 Riborg Voigt, 1806~1882를 처음 만나게 되었다. 흔히 세상에서 안데르센의 첫사랑으로 이야기되는 여인이다.

안타깝게도 두 사람의 사랑은 이루어질 수가 없었다. 사랑에 서툰 안데르센은 자신의 속마음을 전하지도 못한 채 주변을 맴돌기만 했다. 게다가 그녀는 이미 마을 약제사의 아들과 혼인을 약속한 처지라, 안데르센은 먼발치에서 짝사랑이라는 열병을 앓을 수밖에 없었던 것이다.

얼마 뒤, 리보르 보이그트가 마침내 약제사의 아들과 결혼하였다는 소식이 전해졌다. 크게 낙담한 그는, 한동안 의욕을 상실한 채 집안에만 파묻혀 지내기도 했다.

게다가 1830년 겨울에 익명(匿名)으로 시집을 출간하였는데, 평이 좋지 않았다. 노골적으로 조롱하거나 멸시하는 경우까지 있어서, 세상의 평가에 민감한 안데르센으로서는 적지 않은 충격을 받기도 했다.

그러나 안데르센은, 거친 잡초처럼 생존본능이 강한 인물이었다. 그냥 주저앉아 있을 수만은 없다고 판단한 그는, 좌절과 절망으로부터 벗어날 수 있는 새로운 전환점을 찾아 나섰다. 그리고는 주위의 권유를 받아들여 멀리 외국여행을 다녀오기로 결심했다.

이렇게 해서 안데르센은 26살 때인 1831년 5월 16일 코펜하겐 항구에 정박되어 있던 배에 몸을 실었다. 그의 첫 번째 외국여행이 그 첫발을 내딛은 것이다. 19세기의 예술가 중에서 누구보다 '여행을 즐겨했던 작가' 안데르센이 탄생하는 순간이기도 했다.

북유럽 디자인을 대표하는 코펜하겐에는 눈길을 끄는 상점들이 많다.

PART 1 코펜하겐에서 만난 안데르센

08

# 작가로 향하는 길

'동화의 마법사' 안데르센은, 19세기의 대표적인 여행가라 할 수 있다. 수십 차례에 걸친 힘든 여행길에 나섰으며, 동쪽으로는 터키에서 서쪽으로는 포르투갈에 이르기까지 유럽 대부분의 나라를 여행하였다. 그리고 50대 후반인 1862년에는 스페인 지브롤터를 거쳐 아프리카의 모로코 등도 방문하기도 했다. 터키와 모로코 등 이슬람 국가의 방문도 주저하지 않은 배경에는, 어린 시절 아버지가 읽어 주었던 〈아라비안나이트〉의 영향이 없지 않았던 것으로 보인다.

### '트렁크 없이는 살 수 없었다'

안데르센은, '트렁크 없이는 살 수 없었다'라는 말을 스스로 할 만큼, 여행을 몹시 좋아하였다. 평생에 걸쳐 수개월씩 소요되는 장기간의 외국여행을 무려 29번이나 했던 것이다. 그와 견줄 정도로 많은 나라를 여행한 작가로는 〈80일간의 세계 일주〉 등을 집필한 프랑스의 공상과

학 소설가 쥘 베른*Jules Verne, 1828~190* 정도를 들 수 있을 뿐이다.

더구나 19세기 초 당시는 마차와 범선 등이 주된 교통수단이었다. 안데르센이 증기 기관차를 처음 본 것은 1840년 11월 9일이었으며, 다음 날 직접 타고 독일 마그데부르크에서 라이프치히까지 갔다고 한다. 코펜하겐과 로스킬레 사이를 운행하는 기차가 개통된 것은 1847년이었으며, 같은 해에 스위스에서는 처음으로 취리히와 온천 휴양지 바덴 사이에 기차가 운행되기 시작했다.

이처럼 19세기 초의 교통과 통신수단 등은, 오늘날 상상하기 힘들 정도로 매우 낙후되었으며 열악하였다. 따라서 안데르센이 수개월씩 걸리는 장거리 해외여행을 30회 가까이 했다는 것은 실로 대단한 열정이 아니고는 불가능한 일이라 할 수 있었다.

안데르센은 왜 이토록 외국여행을 좋아하였던 것일까? 그리고 그의 삶과 문학에, 여행은 어떤 의미를 갖고 있었던 것일까? 그 해답의 실마리를, 우리는 그의 나이 서른 전후해서 하게 되는 2번의 외국여행에서 어렵지 않게 찾을 수 있을 것이다.

### 하르츠의 브로켄 정상에도 올라

1831년 5월 16일 저녁, 안데르센은 코펜하겐 항구에 정박되어 있던 증기선(蒸氣船)에 몸을 실었다. 배는 남쪽으로 방향을 잡아 덴마크의 남쪽 해안선을 따라 항해했다.

다음날 정오경에 이르러, 증기선은 독일 슐레스비히 홀슈타인 주의 항구도시 트라베뮌데에 도착했다. 한적한 항구에 내린 그는 '한자동맹의 여왕'이라 불리는 뤼베크와 함부르크 중심지를 가로질러, 지금은

**뤼베크 시청**
'한자동맹의 여왕'이라 불리는 뤼베크의 시청 건물이다. 옛 시가지 전체가 1987년에 유네스코문화유산으로 지정될 정도로 중세 건물들이 많이 남아있다.

함부르크에 편입된 알토나Altona 지역에서 짐을 내렸다. 이곳에 여장(旅裝)을 푼 이유는 시인 프리드리히 클롭슈토크의 묘지를 찾기 위해서였다. 그의 무덤은 지금의 알토나 오텐젠 지역 크리스티안 교회 묘지에 자리 잡고 있다.

프리드리히 클롭슈토크Friedrich Gottlieb Klopstock, 1724~1803는 18세기 독일 문학계를 대표하는 시인이다. 특히 1771년에 발표한 〈송시〉(誦詩) 등을 통해 조국과 우정, 신앙 등에 관해 격조 높은 언어를 구사해서, 젊은 시절의 괴테Johann Wolfgang von Goethe, 1749~1832를 비롯해서 프리드리

**하르츠 정상의 하인리히 하이네 기념비**
시인 하인리히 하이네는 1824년에 하르츠 정상에 올랐으며 1826년에 〈하르츠 여행기〉를 발표하였다. 안데르센은 예전부터 하이네의 작품을 좋아하였는데, 그에게 영향을 받아 1831년 5월에 하르츠 산지를 올랐다.

히 횔덜린*Friedrich Hölderlin, 1770~1843*, 라이너 마리아 릴케*Rainer Maria Rilke, 1875~1926* 등 독일어권 시인들에게 큰 영향을 미쳤다. 안데르센의 묘지 방문은, 문학계에 막 들어선 신인으로서 일종의 문학적 순례와 같은 성격을 갖고 있었던 것이다.

안데르센은 그의 묘지 위에 자신과 첫사랑 리보르 보이그트의 이름을 쓴 종이를 올려놓았다. 존경하는 시인 앞에서, 두 사람의 사랑이 완전히 끝났음을 알리는 일종의 의식(儀式)인 셈이었다. 이 같은 사실에서 당시 안데르센이 겪은 첫사랑의 상처가 얼마나 크고 깊은 것이었는지를 헤아려볼 수 있을 것이다.

이후 안데르센은 브라운슈바이크를 거쳐 중세의 모습을 간직하고 있는 도시 고슬라에 도착하였다. 그리고 이곳에서 산을 걸어올라 하르츠*Harz* 산지(山地)의 브로켄*Brocken* 정상에 이르렀다. 해발 높이 1,141미터의 브로켄 일대는, 일찍부터 마녀, 마술과 관련된 각종 전설들이 전해져 온 곳이다. 괴테가 작품 〈파우스트〉에서 마녀들이 이 산 정상에 모여 광란의 축제를 연 것으로 묘사해서 신비화되었으며, 그 후 '낭만주의의 성지'(聖地)로 받아들여지는 곳이다.

### 티크와 샤미소를 만나다

안데르센은 5월 30일에 종교개혁가 마르틴 루터의 고향 아이슬레벤에 도착하였다. 그리고 이번 여행의 중요한 목적지였던 드레스덴에서 소설가 티크를, 마지막 여행지인 베를린에서 시인 샤미소 등을 만났다.

루드비히 티크*Ludwig Tieck, 1773~1853*는 독일 낭만주의 문학의 초기를 대표하는 시인, 소설가이다. 베를린 출신의 유대계 독일 작가로, 20대 중반인 1799년경에 슐레겔August Wilhelm von Schlegel, 1767~1845, 노발리스 Novalis, 1772~1801 등과 같이 활동하면서 낭만주의의 이론 수립에 큰 기여를 하였다. 괴테, 실러 등과도 교류하였으며, 대표작으로 〈금발의 에크베르트〉Der blonde Eckbert, 〈루넨베르크〉Der Runenberg 등이 있다.

그리고 샤미소Adelbert von Chamisso, 1781~1838는 특이한 경력을 가진 시인이다. 프랑스 출신 귀족이며 독일로 망명해 베를린 대학에서 식물학을 연구하였다. 1830년에 시집 〈여자의 사랑과 생애〉Frauenliebe und Leben 등을 발표하여 서정시인으로 크게 이름을 날리며 동시대 예술가들에게 많은 영향을 미쳤다. 말년에는 베를린 식물원 원장으로 일하는 등 국제적인 명성을 가진 식물학자로 활동하기도 했다.

안데르센은 이때의 인연을 시작으로 이들과 평생 서신을 주고받으며 친밀한 관계를 이어나갔다. 시선을 끄는 사실은, 두 사람이 각각 〈금발의 에크베르트〉Der blonde Eckbert, 〈페터 슐레밀의 놀라운 이야기〉Peter Schlemihls wundersame Geschichte 등의 창작 동화를 발표하였다는 점이다. 따라서 훗날 안데르센이 창작동화에 대해 깊은 관심을 갖고 집필하게 된 배경에는, 이때 만나게 된 티크와 샤미소 등의 독일 낭만주의 작가들의 영향도 얼마간 작용했을 것으로 보인다.

특히 티크는 전래동화를 새롭게 해석해서 낭만주의 관점과 서민적인 정서가 담긴 이야기를 주로 창작하였다. 그리고 1790년대에는 〈장화 신은 고양이〉, 〈푸른 수염의 사나이〉 등을 발표해 '프랑스 아동문학의 아버지'라 불리는 동화작가 샤를 페로Charles Perrault, 1628~1703의 작품을 희곡으로 옮기기도 했다.

카스텔레 요새는 군 시설인 탓인지 덴마크 국기가 언제나 걸려 있다.

안데르센은 6월 24일에 귀국하였다. 40일 가까이 독일의 주요 도시들을 여행했던 것이다.

안데르센이 자신의 첫 번째 여행지로서 독일을 택하게 된 배경에는 소설가 잉게만의 영향이 컸던 것으로 보인다. 실제로 잉게만은 20대 초반의 나이에 드레스덴과 베를린 등지를 여행하였으며 티크와 샤미소 등의 독일 문인들을 만나 이들로부터 큰 영향을 받았다. 따라서 안데르센은 그의 독일 여행을 참고로 해서 자신의 첫 외국여행의 여행지와 일정 등을 결정한 것으로 볼 수 있다.

또한 안데르센이 브로켄 정상을 도보로 걸어 넘은 것은, 친구 헨리에테 불프의 영향을 받아 실행한 것으로 보인다. 헨리에테 불프는 신체가 불편한 장애인임에 불구하고 여행을 좋아해서 그 전 해인 1830년에 브로켄 정상에 오른 적이 있었다. 안데르센은 그녀로부터 자극을 받아 브로켄 정상을 여행 일정에 포함시켰던 것이다.

### 새로운 짝사랑 루이제 콜린

1832년 여름, 안데르센은 고향 오덴세를 방문했다. 알코올 중독으로 쇠약해가는 어머니를 만나기 위해서였다. 당시 덴마크 여인들은 힘들게 일한 뒤에 습관적으로 술을 마시는 경우가 많았다. 그의 어머니 역시 추운 겨울에 얼음처럼 찬 물 속에서 빨래를 하고는, 한기를 이기기 위해 독주를 마셨는데, 이게 나중에 큰 문제를 일으켰던 것이다. 그녀는 다음해인 1833년 10월 구빈원(救貧院)에서 60살의 나이로 세상을 떠났다.

매우 드물게도, 안데르센은 이 무렵에 자신의 첫 번째 자서전을 집필하였다. 27살 때에 쓴 이 자서전은 그동안 발표되지 않고 있다가, 1백 년 가까이 지난 1926년에 이르러서야 〈내 인생의 기록〉이라는 제목으로 출간되었다. 이른 나이에 자서전을 쓰게 된 배경에는, 구빈원에서 외롭게 죽어가는 어머니를 지켜본 게 중요한 계기가 되었을 것으로 짐작된다.

당시 안데르센은, 요나스 콜린의 둘째 아들 에드바르 콜린에게 여전히 특별한 감정을 갖고 있었다. 그리고 한편으로는 둘째 딸 루이제 콜린에게도 이성으로서 자꾸 마음이 쏠렸다.

루이제 콜린은 1813년생으로 당시 19살이었다. 평소 그녀는 안데르센의 좋은 말동무였다. 그리고 첫사랑에 실패했을 때에도 그녀가 많은 위로를 해주어 큰 힘이 되었다. 이 때문에 안데르센은 그녀가 자신을 이성으로서 사랑하는 줄 착각하고 끈질기게 뜨거운 시선을 보냈던 것이다.

결국 요나스 콜린과 그 가족들은, 안데르센이 루이제에게 사랑의 감정을 갖고 있다는 사실을 눈치 챘다. 특히 요나스 콜린은 무척 당황해했다. 평소 딸 루이제가 결혼하기에는 아직 어리다고 여기고 있었으며, 게다가 안데르센을 사윗감으로 생각해 본 적은 더더욱 없었기 때문이다.

매사에 침착하고 신중한 그는, 서둘러서 딸 루이제를 젊은 관료와 약혼시켰다. 그리고 안데르센을 당분간 덴마크를 떠나있게 할 방도를 찾기 시작했다.

마침내 묘책이 떠올랐다. 당시 덴마크 왕실에는 뛰어난 재능을 가진 젊은이에게 경제적으로 지원해주는 국왕 후원금 제도가 있었다. 요나스 콜린은 안데르센에게 해외여행 경비를 지원해주는 후원금을 신청하도록 했다.

후원금을 신청할 때에, 물리학자 외르스테드를 비롯해서 시인 욀

**파리 생 자크 탑**

안데르센은 1833년 파리에서 도착하였으며 그 후 한 달 가까이 루브르박물관 근처에서 머물렀다.
루브르박물관 동쪽에는 파스칼이 기압 실험을 한 16세기에 지어진 생 자크 탑이 있다.

렌슐레게르 등 덴마크의 저명한 학자와 예술가들이 적극적으로 나서서 추천을 해주었다. 이것이 큰 힘이 되어 마침내 매년 수백 릭스달러씩 지원해주는 국왕 후원금을 받게 되었다. 후원금 수여식에서, 안데르센은 감격에 겨워 국왕 프레데릭 6세 앞에서 눈물을 마구 쏟았다고 한다.

1832년 12월, 안데르센은 시집 〈그해 열두 달〉*Aarets tolv Maaneder, Tegnede med Blæk og Pen*을 레이첼 출판사에서 출간하였다. 하지만 비평가들로부터 기대에 미치지 못한다는 혹평을 듣게 되어 실망하지 않을 수 없었다. 따라서 루이제와의 문제 외에도, 작가로서 새롭게 마음을 가다듬고 심기일전할 계기가 필요했던 것이다. 이렇게 해서 안데르센은, 국왕 후원금으로 독일과 프랑스 등 1년이 넘는 장기간의 해외여행을 결심하기에 이르렀다.

28살의 청년 안데르센은 장기간의 해외여행을 통해 과연 무엇을 얻었을까? 그리고 그의 성공적인 작가 데뷔와 이때의 외국여행과는 어떤 관계에 있는 것일까?

1833년 4월 22일, 안데르센은 에드바르 콜린을 비롯한 지인들의 배웅을 받으며 배에 몸을 실었다. 이번 여행은 독일과 프랑스, 스위스 그리고 이탈리아까지 무려 1년 반 가까운 긴 여행이 예정되어 있었다. 배를 타고 뤼베크에 도착한 그는, 지난번과는 달리 첼레와 하노버, 카셀, 프랑크푸르트, 마인츠, 자르부르겐 등 독일 중북부 지방을 여행했다.

### 독일을 거쳐 파리로

카셀은 어린 시절 안데르센에게 많은 이야기를 들려준 할머니의 고향이었다. 그리고 독일의 유명한 동화연구가 그림 형제 어머니의 고향이기도 해서, 두 형제는 어린 시절에 이곳에서 학교를 다녔다.

특히 그림 형제는 대학 졸업 후 이 카셀의 도서관에서 사서로 일하면서 이 일대에서 수집한 이야기들을 묶어 1812년에 첫 번째 이야기 집 〈어린이와 가정을 위한 이야기〉를 출간하였다. 이 때문에 카셀은 독일 동화역사에 있어서 중요한 의미를 가진 도시라 할 수 있다. 안데르센이 카셀을 방문했을 당시, 그림 형제는 1830년부터 괴팅겐대학에서 교수로 일하고 있었다.

그 후 이들이 첫 대면하게 된 것은 10여 년 후인 1844년이었다. 안데르센이 베를린에 살고 있던 그림 형제의 집을 방문하였으며, 이후에도 친밀하게 교류하였다.

안데르센은 독일을 벗어난 후에 오늘날의 프랑스 북서부 샹파뉴 아르덴 지역을 지나 5월 10일경에 파리에 입성했다. 숙소는 시내 중심지 팔레 루아얄 가까운 생 토마스 뒤 루브르 거리에 있는 한 호텔이었다.

이후 안데르센은 당시 유럽의 중심지였던 파리에서 100일 가까이 머물렀다. 파리에 있는 동안 프랑스 문호 빅토르 위고 *Victor Hugo, 1802~1885*와 알렉상드르 뒤마 *Alexandre Dumas, 1802~1870* 그리고 10대 때부터 존경해 마지않던 독일 출신의 시인 하인리히 하이네 등을 만났다. 당시 하이네는 1831년에 망명한 뒤 줄곧 파리에서 머물고 있었다.

안데르센은 8월 중순에 파리를 떠나 제네바를 거쳐 스위스에 들어섰다. 그리고 9월 초에는 험준한 알프스 산록(山麓) 사이에 위치한 해발 고도 2,006m의 생플롱 고개 *Simplon Pass*를 넘어 이탈리아로 향했다. 그는 자서전에서, 이 고개를 넘던 날이 바로 자신이 무일푼으로 무작정 상경한지 14년째가 되는 날이라며 각별한 감회를 밝히고 있다.

이탈리아 땅으로 들어선 그는, 밀라노와 제노바, 피사, 피렌체 등 이탈리아 북부의 유서 깊은 여러 도시들을 둘러본 뒤 로마로 향했다. 19세기 당시 로마는, 덴마크와 스웨덴 등 스칸디나비아 지식인과 예술가들에게 꿈에 그리던 '선망과 동경의' 도시였다. 검은 구름이 뒤덮인 춥고 우중충한 날씨의 북유럽과는 달리, 이탈리아와 로마는 밝고 찬란한 햇살과, 구름 한 점 없는 푸른 하늘, 싱그러운 녹음(綠陰) 등으로 언제나 생동감이 넘치는 곳이었다. 게다가 위대한 로마문화의 유적과 미술품들이 곳곳에 있어서, 언제나 예술적으로 충만감을 가져다주었던 것이다.

### 로마의 스칸디나비아인들

안데르센이 로마에 도착한 것은 10월 18일 정오경이었다. 이후 1834년 2월 12일까지 4개월 가까이 로마에 머물렀다.

당시 로마에는 덴마크 등 북유럽 출신의 예술인들이 많이 활동하고 있었다. 이들은 카페 그레코 *Caffè Greco* 등 스페인 광장 주변의 카페와 레스토랑에서 자주 모임을 가졌다. 당시 60대 중반의 유명한 조각가 베르텔 토르발센이 이 모임을 이끌고 있었다. 이 모임을 통해 안데르센은 토르발센을 알게 되었는데, 이들의 우정은 37살이라는 나이 차이에도 불구하고 평생 지속되었다.

베르텔 토르발센 *Bertel Thorvaldsen, 1768~1844*은 19세기 덴마크를 대표하는 조각가이다. 그의 아버지는 아이슬란드 출신으로 코펜하겐 조선소에서 대형 선박의 장식을 맡아 일하던 나무 조각가였다. 토르발센은 아버지의 영향을 받아 일찍부터 미술과 조각에 천재성을 보였으며, 11

**토르발센 박물관**
1833년 10월 안데르센은 로마에서 덴마크 출신의 유명한 조각가 토르발센을 만나게 되었다.

당시 그는 60대 중반의 나이로 북유럽 출신 예술인들의 모임을 이끌고 있었다.
두 사람의 우정은 37살이라는 많은 나이 차이에도 불구하고 평생 지속되었다.

살이라는 어린 나이에 덴마크 왕립 미술아카데미에 입학하였다. 1797년에 로마에 정착한 그는, 고대 그리스 조각에서 영감을 얻은 작품들을 발표해서 유럽 신고전주의를 대표하는 조각가로서 국제적인 명성을 얻었다.

토르발센은 1838년 70살의 나이에 덴마크로 귀국하였으며, 은퇴한 후에는 자신의 소장품 대부분을 국가에 기증하였다. 기증품을 전시할 토르발센 미술관이 세워졌으나, 안타깝게도 이 미술관이 정식으로 문을 열기 며칠 전에 세상을 떠나고 말았다.

1833년이 저물어가던 12월 16일, 안데르센은 요나스 콜린으로부터 편지 한 통을 받았다. 어머니가 세상을 떠났다는 소식이었다. 그는 자서전에서 그날의 슬픔에 대해 "오 하나님 감사합니다. 저는 어머니를 가난에서 구하지 못했는데, 하나님께서 어머니를 구하셨습니다. 이제 어머니의 가난이 끝났습니다."라고 기도하면서 소리 내어 울었다고 기록하고 있다.

### 어머니의 죽음과 〈즉흥시인〉

크리스마스가 지난 12월 27일이었다. 안데르센은 자신의 일기에 '오늘 저녁에 소설 〈즉흥시인〉을 시작함'이라고 적었다. 어머니의 부음(訃音)을 들은 지 얼마 안 되어 새 작품을 시작했다는 점에서 시사하는 바가 많다고 할 수 있다. 실제로 이 소설에는 그의 자전적 내용을 적지 않게 담고 있다.

1834년 2월, 안데르센은 로마에 있던 동료와 함께 나폴리로 여행을 떠났다. 예전에 요나스 콜린과 레이첼 출판사 등에 보낸 극시 〈아그네트와 인어〉 *Agnete and the Merman*에 대한 혹평이 이어지자 마음을 새로이 가

다듬기 위해 여행을 간 것이다.

나폴리는, 많은 사람들이 격찬한 대로 매력적이며 매혹적인 도시였다. 도착한 그날, 마침 베수비오 화산이 폭발했다. 위험을 무릅쓰고 분화구 가까이 다가가자 붉은 용암이 흐르는 것을 두 눈으로 확인할 수 있었다. 덴마크에서는 상상조차 하기 힘든 일이라, 안데르센은 무척 흥분되었다. 세상에 대한 강한 호기심이 생기면서 삶에 대한 의욕이 충만해지는 느낌이었다. 그 후 안데르센 일행은 나폴리 근처에 있는 폼페이 유적 등을 둘러본 뒤에 3월 20일에 로마로 돌아왔다.

이후 안데르센은 귀국길에 올랐다. 그리고 여행하는 도중에 틈틈이 어머니의 부음 소식을 들은 후부터 시작한 소설 〈즉흥시인〉의 집필에 몰두하였다. 특히 귀국길에 들린 독일 뮌헨에서는 중심가 칼스플라츠 근처에 숙소를 정한 뒤에 한 달 동안이나 이 작품에 온 힘을 기울이기도 했다.

안데르센은 1834년 8월 3일에 귀국하였다. 1년 3개월 동안이나 독일과 프랑스, 이탈리아 등 낯선 외국에서 지내다가 돌아온 것이다. 그러나 그는 여독을 풀 여유도 없이 소설가 잉게만이 살고 있던 소뢰로 가서 여름 내내 작품의 창작에 매달렸다. 그 결과 그해 겨울에 이르러 완성할 수 있었다.

안데르센의 본격적인 첫 장편소설이라 불리는 이 〈즉흥시인〉은 어떤 내용을 담고 있을까? 그리고 이탈리아 여행은 이 소설의 창작에 과연 어떤 영향을 미쳤던 것일까?

### 〈즉흥시인〉, 요나스 콜린에게 헌정

소설 〈즉흥시인〉 *Improvisatoren*의 주인공은 로마 출신의 안토니오이다. 그는 불우한 환경에 태어나 어린 시절에 고아가 되었으나, 어려운 여건 속에서도 재능을 발휘해 시인으로 활동하고 있었다. 그때 우연히 스페인 출신의 오페라 여가수 아눈치아타를 만나 사랑에 빠지게 되었다. 그러나 그녀는 친구 베르나르도를 선택해 그를 배신하고 말았다. 이에 분노한 안토니오는 친구와 결투를 벌였으나, 의도치 않게 치명적인 상처를 입히는 바람에 나폴리로 도주할 수밖에 없었다. 하지만 몇 년 후 안토니오는 수많은 역경을 이겨내고 즉흥시인으로 크게 성공하였다. 그리고 결말에 이르러 청순하고 아름다운 마리아를 만나 행복한 가정을 이룬다는, 해피엔딩의 내용이다.

21세기인 지금의 관점에서 보면, 소설 〈즉흥시인〉은 매력을 느끼기 힘든 작품이라 할 수 있다. 인물 설정이 상투적이며 이야기의 전개 역시 진부(陳腐)하기 짝이 없는 등 적지 않은 문제를 갖고 있기 때문이다.

그럼에도 이 장편소설은 19세기 당시에 큰 인기를 끌었다. 19세기 초에 유행하던 로맨스 소설의 전형적인 구조를 갖고 있으면서, 남녀 주인공들의 운명과 배신, 사랑, 복수, 행복 등등 독자들의 감성에 다가갈 수 있는 요소들을 많이 담고 있었기 때문이다.

그리고 이 소설의 배경이 이탈리아라는 사실도 사람들의 호기심을 불러일으키는 데에 크게 기여하였다. 당시 덴마크 등 스칸디나비아 사람들은, 로마와 베네치아 그리고 나폴리 등 이탈리아 도시들을 무척 선망하였으며 깊은 관심을 갖고 있었다. 안데르센의 장편소설이 이들 도시를 포함한 이탈리아의 남부 캄파니아 지방을 배경으로 흥미롭게 펼쳐졌기 때문에, 많은 사람들에게 이국적인 호기심을 불러일으켰던 것

**안데르센 여행용품**
안데르센 박물관에 전시되어 있는 안데르센의 여행용품이다. 사진 속에 밧줄이 보이는데,
안데르센은 호텔에 불이 나는 게 걱정이 되어, 밧줄을 언제나 지참하였다고 한다.

이다.

〈즉흥시인〉은, 본격적인 의미에서 안데르센의 첫 번째 장편소설이다. 그리고 이탈리아를 배경으로 하고 있는 점에서 짐작할 수 있듯이, 이 소설은 1834년을 전후에 이탈리아를 여행하면서 보고 느낀 여러 체험과 감상 등을 바탕으로 하고 있다. 그리고 자전적인 내용 역시 많이 담고 있다.

이 소설은 1835년 4월 9일 레이첼의 출판사에서 출간되었다. 책이 발간되자 독자들이 폭발적인 관심을 보여 곧 재판에 들어갔다. 평론가들도 이 작품에 나타난 안데르센의 뛰어난 문학적 상상력과 아름다운 문장력 등을 높이 평가하였다. 그리고 여러 나라의 언어로 번역되었는데, 특히 독일에서 발행된 독일어 판은 안데르센의 이름을 국제적으로 알리는 데에 크게 기여하였다.

안데르센은 불과 30살 나이에 꿈에 그리던 국제적인 명성의 유명작가된 것이다. 한편 장편소설 〈즉흥시인〉은 작품성과는 별개로 안데르센의 삶과 문학에 중요한 '돌파구'가 된 것으로 평가되기도 한다.

안데르센은 자신의 첫 번째 소설 〈즉흥시인〉을, 자신을 후원해준 요나스 콜린과 그 가족들에게 헌정하였다. 그는 책을 통해 "부모님처럼 따뜻하게 대해준 콜린 의원님과 그의 아름다운 부인, 형제나 다름없는 그의 아들딸에게, 나의 집처럼 따뜻했던 그 가정에, 제가 가진 소중한 이 책을 바칩니다."라며 감사의 뜻을 전했다.

### 안데르센에게 여행은 과연 무엇인가?

앞에서 살핀 바와 같이, 안데르센의 문학적 성장과 문단 데뷔에는

2번에 걸친 그의 해외여행이 결정적으로 큰 도움이 되었다. 특히 왕실 후원금을 받아 하게 된 이탈리아 여행은 그의 삶과 문학에 많은 영향을 미쳤다. 안데르센의 정신세계와 미의식, 문학적 상상력 등에 참신한 자극을 주었을 뿐 아니라, 구체적으로 작품의 소재와 등장인물의 설정, 배경이 된 도시 등에 이르기까지 지대한 영향을 주었던 것이다. 실제로 그는 친구 헨리에테 불프에게 보낸 편지에서 "작가로서 나의 시대는 외국 여행에서 돌아왔을 때부터 시작되었다"라고 밝히기도 했다.

이처럼 여행은, 안데르센에게 창작을 위한 하나의 준비과정이라고 할 수 있다. 아니, 사실상 그의 창작행위나 다름없다고 하여야 할 것이다. 안데르센을 이끌어간 상상력의 원천(源泉)이 바로 여행이었던 것이다. 자서전에서 그는 이렇게 적고 있다.

내게 있어서 여행은 정신을 정화하는 것이나 다름없다. 여행에서 돌아오면 나는 늘 더 젊어졌고 더 강해졌다.

09

# 동화작가로 거듭나다

안데르센은 1834년 9월에 뉘하운 20번지로 이사하였다. 귀국한 뒤에 잉게만이 있는 소뢰로 내려가 소설을 집필하고는, 다시 코펜하겐으로 돌아와 콩겐스 뉘토르와 가까운 곳으로 거처를 옮긴 것이다. 따라서 안데르센은 장편소설의 마무리는 물론, 출간에 따르는 교정과 교열 등 후반작업도 새로 이사한 이 뉘하운의 하숙집에서 한 것으로 볼 수 있다.

### 안데르센, 뉘하운에 둥지를 틀다

항구 뉘하운은 원래 소규모의 어선들이 드나들던 작은 포구에 불과했다. 1670년경 크리스티안 5세에 의해 개발되기 시작한 후부터 오늘날과 같은 화물선이 드나들 정도의 규모를 갖게 되었다.

새로 이사한 20번지의 집은 뉘하운 부둣가 한가운데에 자리 잡고 있다. 박공(博栱) 구조의 4층 건물이며, 19세기 초 당시에는 주소가 뉘하운 280번지였다. 안데르센은 이 집 2층의 방 두 개를 사용하였는데, 창문 너머로 부둣가와 거리가 보였다고 한다.

뉘하운 20번지의 이 집은 그의 일상적인 삶에서 가장 중요한 위치를 차지하는 장소 두 군데와 무척 가까운 거리에 있다. 매일 들리다시피 하는 요나스 콜린의 집 그리고 왕립극장과는, 불과 수백 미터 정도의 짧은 거리를 사이에 두고 있었던 것이다. 따라서 안데르센의 주거지로서 가장 완벽한 조건을 갖춘 곳이라 할 수 있었다.

흔히 뉘하운 일대는 '안데르센 동화의 산실(産室)'이라 불린다. 안데르센은 집을 3번 옮겨 다니며 20년 가까이 이곳에서 거주하였다. 그리고 첫 동화집을 비롯해서 〈인어 공주〉, 〈벌거벗은 임금님〉, 〈꿋꿋한 양철 병정〉 등 초기의 대표작 상당수를 이 지역에서 집필하였다. 세계적인 명작 동화가 탄생한 '창작의 현장'이었으며, 세계 동화의 역사에 중요한 의미를 가진 기념비적인 장소였던 것이다. 이 때문에 많은 사람들이 항구 뉘하운을 사실 이상으로 미화하거나 환상적으로 받아들이는 경우도 있다.

### 1835년에 동화집 2권 출간해

1835년이 밝았다. 그의 나이 서른이 되는 해였다. 안데르센은 새해가 시작되자 본격적으로 동화에 몰두하기 시작했다. 지난해 연말에 〈즉흥시인〉의 원고가 거의 마무리되어, 그동안 티크와 샤미소의 작품 등을 검토하면서 앞으로 써내려가야 할 동화를 구상하였다.

자서전에 의하면, 안데르센은 새해 인사차 고향 친구에게 보내는 편지에서 '아이들을 위한 동화 몇 편을 시작할 생각'이라고 밝혔다. 그리고 '미래 세대를 내 편으로 끌일 들일 생각'이라고까지 언급하였다고 한다.

**뉘하운**

코펜하겐의 꽃'이라 불리는 코펜하겐의 대표적인 명소이다. 파스텔 색조의 아름다운 건물들을 배경으로 야외 카페에 앉아, 뜨거운 커피를 마시는 자신의 모습을 상상하게 하는 곳이다.

이처럼 당시 안데르센은 의욕과 자신감에 가득 차 있었다. 장편소설을 완성시키면서 자신감을 얻게 되어, 창작의 열망이 어느 때부터 뜨거웠던 것이다. 실제로 그는 친구 헨리에테 불프에게 보낸 편지를 통해 "작가로서 나의 시대는 외국여행에서 돌아왔을 때부터 시작되었어요."라며 자신의 속마음을 털어놓기도 했다. 이처럼 안데르센은 자신이 앞으로 써내려갈 동화에 깊은 자신감을 갖고 모든 노력을 기울여 매진하였던 것이다.

이렇게 해서, 안데르센은 1835년 5월 8일 자신의 첫 번째 동화집 〈동화, 아이들을 위한. 1집〉 *Eventyr, fortalte for Børn. Første Samling. Første Hefte*을 출간하였다. 이 책은 61쪽의 작은 책자이며, 〈부싯돌 상자〉 *The Tinderbox*, 〈작은 클라우스와 큰 클라우스〉 *Little Claus and Big Claus*, 〈공주와 완두콩〉 *The Princess and the Pea*, 그리고 〈소녀 이다의 꽃〉 *Little Ida's Flowers* 등 모두 4편의 작품이 실려 있었다.

〈부싯돌 상자〉는 가난한 병사가 마법의 부싯돌 상자를 가져오면 큰돈을 주겠다는 마녀의 말을 믿고 부싯돌 상자를 힘들게 찾아오는 이야기가 주를 이루고 있으며, 〈작은 클라우스와 큰 클라우스〉는 클라우스라는 같은 이름을 갖고 있으나 말 네 필을 가진 사람은 "큰 클라우스", 말 한 필 가진 사람은 "작은 클라우스"라 불리는 두 사람을 주인공으로 하는 내용이다. 그리고 〈공주와 완두콩〉은 진짜 공주와 결혼하고자 하는 왕자의 어머니가 지혜를 발휘해서 완두콩으로 진짜 공주를 가려내는 이야기를 담고 있다.

앞의 세 작품은 어린 시절 오덴세 요양원에서 할머니로부터 들은 민담(民譚)을 재구성해서 정리한 것이다. 그리고 〈소녀 이다의 꽃〉은 어느 후원자의 딸에게 들려주기 위해 직접 지은 것으로, 엄밀한 의미에서 안데르센의 첫 창작 동화라 할 수 있다.

첫 동화집을 출간하면서 그는 출판사로부터 30릭스달러의 인세를 받았다. 15년여 전 코펜하겐으로 무작정 상경하기 위해 1년 동안 일해서 모은 돈보다 몇 배나 많은 액수였다.

안데르센은 7개월 뒤인 1835년 12월 16일, 크리스마스 임박해서 두 번째 동화집 〈동화, 아이들을 위한. 2집〉 *Eventyr, fortalte for Børn. Første Samling. Andet Hefte*을 출간했다. 이 책에는 〈엄지 공주〉 *Thumbelina*를 비롯해서 〈개구쟁이 소년〉 *The Naughty Boy*, 〈길동무〉 *The Traveling Companion* 3편의 작품이 수록되었다.

〈엄지 공주〉는 그림 형제의 동화 〈엄지손가락 톰〉과 독일 소설가 호프만의 환상적인 소설 〈벼룩대왕〉 등에 영향을 받아쓴 작품이다. 그리고 〈길동무〉는 덴마크 핀 지방에 전해져오는 유령 이야기를 바탕으로 새롭게 쓴 작품이다. 두 번째 동화집에서 눈에 띄는 것은, 안데르센이 단순히 전래동화를 다듬는 차원에서 벗어나 점차 자신만의 이야기를 만들어가고 있다는 사실이다. 다시 말하면 동화작가로서의 자세와 전문성을 형성해나가고 있는 것이다.

### 평론계, 안데르센 초기 동화에 냉담

하지만 1835년에 출간된 두 권의 동화책은 좋은 반응을 얻지 못했다. 독자들 호응이 크지 않았을 뿐더러, 판매 역시 기대에 크게 미치지 못했다. 게다가 평단에서도 냉담한 반응을 보였다. 대부분의 비평가들은 〈즉흥시인〉을 쓸 정도로 뛰어난 감각과 탁월한 표현력을 가진 작가가 고작 어린이를 대상으로 하는 작품이나 쓰냐며 매섭게 비판했던 것이다.

19세기 당시는 동화에 대한 인식이 일반적으로 협소하고 편협했다. 동화를 어린이 교육의 한 수단으로만 인식할 뿐, 고유의 문학성이나 예술성을 가진 문학 장르의 하나로서 인정하지 않았던 것이다. 때문에 비평계의 많은 사람들은, 동화 창작에 몰두하는 안데르센에 대해 못마땅해 하며 불편한 시선을 보내고 있었다.

이 같은 시대에, 일찍이 안데르센에게서 동화작가로서의 천재성을 찾아낸 인물이 있었다. 뜻밖에도 저명한 물리학자인 외르스테드였다. 그는 안데르센이 처음 동화를 완성하였을 때,

"〈즉흥시인〉이 자네를 유명하게 만들었다면, 이들 동화들은 자네를 불멸의 작가로 만들 걸세."라고 말하면서 격려하였다고 한다.

외르스테드는 1777년생으로 안데르센보다 28살이나 많았다. 예순 가까운 많은 나이에도 불구하고, 동화의 사회적 가치와 안데르센의 문학적 역량을 확신하고 있었던 것이다.

안데르센은 문단에 데뷔하기 전부터 극작가 욀렌슐레게르, 조각가 토르발센, 물리학자 외르스테드 등 당시 덴마크 문화계의 주요 인사와 친하게 지냈다. 이들 모두 각자의 분야에서 크게 성공해 국제적인 명성을 얻었는데, 물리학자 외르스테드가 누구보다 앞서 안데르센에게서 세계적인 동화작가로서의 가능성을 찾아냈던 것이다.

한스 크리스티안 외르스테드 *Hans Christian Oersted, 1777~1851*는 19세기 덴마크를 대표하는 세계적인 명성의 물리학자이자 화학자이다. 전선을 통해 흐르는 전류가 자기장을 만든다는 이른바 '외르스테드의 법칙'을

**뉘하운 20번지**

안데르센은 이탈리아 여행에서 돌아온 후 1935년 9월에 이곳으로 이사하였다. 첫 번째 동화집은 물론 〈인어 공주〉, 〈벌거벗은 임금님〉 등과 같은 걸작 동화 초기작품 상당수를 창작했다.

처음으로 발견하였으며, '전자기학'이라는 새로운 연구 분야가 탄생하게 하는 등 19세기 물리학 발전에 크게 기여하였다. 그의 동생은 안데르스 산되 외르스테드_Anders Sandøe Ørsted, 1778~186_는 법률가 출신으로 당시 총리를 지냈다.

### 높은 문학적 안목의 외르스테드

안데르센은 뛰어난 문학적 안목을 갖고 있던 외르스테드를 무척 신뢰했다. 이 때문에 누가 자신의 작품을 혹평이라도 하게 되면, 안데르센은 그에게 달려가 작품을 보여주면서 자문을 구했다고 한다.

또한 안데르센은 자서전에서 요나스 콜린 못지않게 외르스테드를 자주 언급하고 있다. 재키 울슐라거는 〈안데르센 평전〉에서 외르스테드에 대해 "동화의 중요성을 처음으로 인식한 사람이었으며, 코펜하겐에서 안데르센에게 가장 친절하게 대해준" 인물이라 평가하고 있다.

1835년은 안데르센에게 문학적으로 무척 의미가 있는 해라고 할 수 있다. 서른이 되던 이 해에 장편소설 〈즉흥시인〉으로 대중적으로 이름을 널리 알렸으며, 그리고 몇 개월 뒤에는 아이들을 위한 동화집을 2권이나 계속 출간해서 동화작가로서 중요한 첫걸음을 내딛었기 때문이다. 이들 책 모두는 당시 신망이 높은 출판인 카를 레이첼이 운영하는 레이첼 출판사에서 발간되었다.

이후 안데르센은 두 번째 장편 소설 〈O.T.〉 창작에 몰두했다. 그렇다고 동화를 완전히 그만둔 것은 아니었다. 장편소설을 쓰면서 후에 쓰게 될 동화들을 구상하였는데, 그 유명한 동화 〈인어 공주〉도 그 중의 하나였다.

**한스 크리스티안 외르스테드**
저명한 물리학자 외르스테드는, 누구보다 일찍 안데르센의 천재성을 발견한 인물이다.
그의 동상은 코펜하겐 대학교의 서쪽 외르스테드 공원 안에 있다.

장편소설 〈O.T.〉는 1836년 4월 발표되었다. 당시로서는 무척 특이한 제목을 가진 작품이라고 할 수 있다. 주인공 오토 토스트루프의 이니셜인 동시에 오덴세 감옥을 가리키는 머리글자이다.

'덴마크에서의 생활'이라는 부제(副題)가 붙은 것처럼, 그는 이 작품에서 1830년대 덴마크 사회의 실상을 사실적으로 표현하였다. 하지만 자전적인 내용이 너무 많고 당시 덴마크의 농촌사회를 지루하고 장황하게 묘사하고 있어, 작품으로서 성공을 거두지 못했다. 자유로운 문학적 상상력을 발휘하지 못한 채 당시 사회를 있는 그대로 그린, 평범한 수준의 작품이 되고 말았던 것이다. 다행히 소설 〈O.T.〉가 책으로 출간될 무렵, 안데르센은 이미 〈인어 공주〉 등 새로운 동화의 집필에 몰두하고 있었다.

### 〈인어 공주〉, 동화에 대한 인식 고쳐

안데르센은 세 번째 동화집, 〈동화, 아이들을 위한. 3집〉*Eventyr, fortalte for Børn. Første Samling. Tredie Hefte*을 1837년 4월 7일에 출간하였다. 이 동화집에는 그동안 1집과 2집에 수록되었던 〈부싯돌 상자〉 등의 7편의 작품에, 새롭게 쓴 〈인어 공주〉 *The Little Mermaid*와 〈벌거숭이 임금님〉 *The Emperor's New Clothes* 두 작품을 합쳐서 모두 9편의 동화를 수록하였다. 가격은 72실링으로, 첫 번째 동화집보다 3배 정도 높은 가격이다.

세 번째 작품집을 통해 처음 소개된 〈인어 공주〉와 〈벌거숭이 임금님〉은 세계 동화사에 길이 남을 기념비적인 작품이면서 안데르센의 출세작이기도 하다. 그리고 무엇보다 동화의 문학적 가치를 외면해오던 기성 문단에 큰 충격을 주어, 동화를 새롭게 인식케 하는 데에도 큰

**인어 공주의 상**
안데르센은 자신의 대표작 <인어 공주>를 1837년 4월 7일에 출간된 세 번째 동화집을 통해 세상에 선보였다.
인어 공주의 상은 코펜하겐의 동쪽 랑겔리니 공원에 있으며, 해와 바다를 등지고 있다.

기여를 한 작품이다.

동화 〈인어 공주〉는 인간 세상에 대해 호기심이 많은 소녀 인어가, 자신의 모든 것을 포기하면서까지 왕자를 사랑하지만 끝내 이루지 못한다는 애틋하면서도 비극적인 이야기를 담고 있다. 예전부터 전해져 오는 인어 전설과, 프리드리히 드 라 모테 푸케 Friedrich de la Motte Fouque, 1777~1843가 1811년에 발표한 환상적인 소설 〈운디네〉 Undine 등에서 영향을 받아 쓴 작품으로, 특유의 상상력과 개성이 잘 발휘된 작품이라고 할 수 있다. 다시 말하면 안데르센만이 갖고 있는 참신한 발상과 감성적인 전개 등이 돋보이는 창작품인 것이다.

안데르센은 〈인어 공주〉를 집필할 때에 온갖 정성을 다 기울였다. 수없이 자신의 생각을 가다듬고 끊임없이 글을 고치는 퇴고(推敲) 작업을 반복했던 것이다. 이때 그는 친구에게 보낸 편지에서 "당시까지 나 스스로 가장 감명을 받은 작품이며 최고의 동화집이 될 것이다."라고 솔직한 심정을 밝히기도 했다.

### "자네를 불멸의 작가로 만들 걸세"

널리 알려진 것처럼, 〈벌거벗은 임금님〉은, "어리석은 자의 눈에는 보이지 않는 옷"이라는 재봉사의 거짓말에 속아 넘어간 왕과 신하들의 이야기를 통해서, 역설적으로 우리 인간 사회의 어리석음을 풍자하는 내용이다. 이 작품은 동화에 대한 기존의 잘못된 편견을 바꾸는 데에 크게 기여하였다. 다시 말하면 동화가 단순히 어린이들을 위한 이야기가 아니라, 우리 인간과 사회에 대해 날카로운 통찰을 제시할 수 있는 문학적 장르라는 사실을 여실히 보여준 것이다.

〈인어 공주〉와 〈벌거숭이 임금님〉. 이 작품은 오늘날에도 꾸준한 사랑을 받고 있는데, 특히 〈인어 공주〉는 21세기에 들어서도 영화와 애니메이션 등의 다양한 매체를 통해 새롭게 재창조되고 있다.

세 번째 동화집은 출간되자마자 독자들로부터 뜨거운 호응을 받았다. 책 판매량이 급격히 늘었으며 게다가 곧 독일어로 번역되었다. 독일에서도 좋은 평을 받자 이어서 스웨덴 등 유럽 여러 나라 언어로 번역되어 유럽 전역에 널리 퍼지게 되었다.

불과 32살이라는 젊은 나이에 국제적으로 유명한 작가가 된 것이다. 게다가 다른 작가들과는 달리, 〈즉흥시인〉의 저자였던 그는 글을 막 익힌 어린아이에서부터 머리 흰 노인에 이르기까지 폭넓고 다양한 연령층을 독자로 두기도 했다. 이후 안데르센은, 덴마크 문학계에 없어서는 안 될 중요한 인물이 되었다.

안데르센은 자신의 세 번째 장편소설 〈어느 바이올리니스트〉*Only a Fiddler*를 1837년 가을에 펴냈다. 그러니까 1835년 봄에 첫 번째 소설 〈즉흥시인〉을 출간하였으며, 두 번째 소설 〈O.T.〉를 1836년 4월에 펴냈으니, 3년 동안 장편소설을 해마다 한 편씩 출간한 것이다. 작가로서의 탄탄한 역량을 세상에 보여준 것이라 할 수 있다.

### 3년 동안 3권의 소설과 동화집 출간

결국 안데르센은, 뉘하운 20번지의 집으로 이사한 뒤부터 작가로서 확고한 기반을 잡게 되었다. 1835년 초부터 1837년 11월까지 3년이 채 안 되는 짧은 기간 동안에, 무려 3권의 장편소설과 3권의 동화집을 출간하는 등의 왕성한 창작열을 발휘하였다. 그리고 이를 통해 젊은 동화작가로서 독보적인 위치에 오르게 되었다. 따라서 안데르센으로서는 뉘하운 부두가 내려다 보이는 이 집에 각별한 애정과 애착을 갖지 않을 수 없었을 것이다.

## 10

# '코펜하겐의 맑은 영혼' 키에르케고르

실존주의 철학의 선구자 키에르케고르*Søren Aabye Kierkegaard, 1813~1855*. 그는 안데르센과 더불어 덴마크가 배출한 세계적인 인물이다.

안데르센이 '동화의 아버지'라 불릴 정도로 명작 동화들을 발표해서 세계 동화의 발전에 크게 기여하였다면, 키에르케고르는 〈이것이냐 저것이냐〉, 〈철학적 단편〉, 〈불안의 개념〉, 〈죽음에 이르는 병〉 등의 저서를 통해 현대 실존주의 철학을 개척한 선구자로서 높이 평가받고 있다. 이 때문에 덴마크 사람들은 코펜하겐을 가리켜 '한스와 쇠렌의 도시'라는 애칭으로 부르기도 한다. 세계사에 큰 업적을 남긴 두 인물을 배출한 덴마크 사람들의 남다른 자부심과 긍지가 담겨 있는 말이라 하겠다.

### '코펜하겐의 고독한 두 영혼'

흥미롭게도 두 사람은 코펜하겐을 중심으로 같은 시기에 활동했다. 키에르케고르는 안데르센보다 8년 늦은 1813년에 태어났으며, 1855년에 42살의 나이로 생을 마감하였다.

같은 시대에 살았으나, 두 사람은 많은 점에서 서로 달랐다. 동시대의 인물이라 믿기 힘들만큼, 출신배경은 물론 성장과정과 교육과정 그리고 세계관과 종교관 등 많은 부분에 있어서 무척 대조적이었다.

키에르케고르는 극빈한 가정에서 태어난 안데르센과 달리, 코펜하겐의 부유한 집안에서 태어나 생애 대부분을 시내 중심지에서 보냈다. 학업성적이 우수하였으며 라틴어 등 외국어에 뛰어난 실력을 갖고 있어서 큰 어려움 없이 18살 때에 코펜하겐 대학교 신학부에 입학하였다. 그리고 1841년 10월 20일에 철학 박사학위를 받고 졸업하였다. 또한 물려받은 유산이 많아서 풍족하게 지냈으며 한때는 무절제한 생활을 하기도 했다. 어릴 때부터 남의 도움을 받기 위해 낯선 사람의 집 대문을 두드려야 했던 안데르센의 처지와는 너무 달랐던 것이다

특히 두 사람은 삶과 세상을 바라보는 세계관과 가치관, 종교관 등에서도 많은 차이가 있었다. 안데르센은 당시 기독교의 교리에 충실히 따르고 있는 반면에, 키에르케고르는 당시 교회에 대해서 부정적인 견해를 갖고 있어서 임종예배를 거부할 정도였다. 이 때문에 당시의 많은 코펜하겐의 시민들은 키에르케고르의 장례식이 교회 안에서 거행되는 것에 대해 못마땅하게 여기기도 했다.

또한 두 사람의 기질(氣質) 역시 뚜렷하게 대조적이었다. 안데르센이 감상적이며 낭만적, 추상적, 현실 순응적이라면, 키에르케고르는 이성적이면서, 사변적(思辨的), 분석적, 현실 비판적이라 할 수 있었다.

**키에르케고르 동상**
실존주의 철학의 선구자인 그는, 안데르센과 더불어 덴마크가 배출한 세계적인 인물이다.

### 키에르케고르, 안데르센을 비판하다

이처럼 두 사람은 많은 점에서 극명하게 달랐다. 이 때문인지 두 사람은 같은 시대에 같은 도시에 살았으면서도 무척 소원(疏遠)한 관계였다. 그리고 그 발단은 안데르센의 작품에 대한 키에르케고르의 비판으로부터 시작되었다.

안데르센은 1837년 11월 3번째 장편소설 〈어느 바이올리니스트〉를 출간하였다. 원래의 제목은 〈Kun en Spillemand〉이며 영어로는 흔히 〈Only a Fiddler〉이라 적고 있다. 국내 관련서적에서는 〈어느 바이올리니스트〉를 비롯해서 〈가여운 바이올린 연주자〉, 〈슬픈 바이올리니스트〉, 〈가난한 바이올리니스트〉 등으로 각각 다르게 소개하고 있다.

소설의 주인공은 가난한 집안 출신으로 뛰어난 음악적 재능을 가진 바이올린 연주자 크리스티안과 적극적인 성격의 유대인 소녀 나오미이다. 두 사람은 어릴 적 친구이지만 성장하면서 전혀 다른 세계에서 살게 된다. 나오미는 부유층 집안으로 입양되어 상류사회로 진출하게 되지만 그녀의 삶은 권태로 가득하게 된다. 그리고 크리스티안은 재능을 꽃피우지 못한 채 가난에 시달리다가 죽고 만다. 이 소설은 귀부인이 된 나오미가 화려한 마차를 타고가다 우연히 크리스티안의 초라한 장례 행렬과 마주치는 장면에서 끝을 맺는다.

키에르케고르는 25살 때인 1838년 9월 자신의 첫 번째 저서 〈아직도 살아있는 자의 수기〉 *From the Papers of One Still Living*를 펴냈다. 특이한 제목이 붙은 이유는 그의 7남매 중 5명이 34살 이전에 죽었기 때문에 자신도 그렇게 될지 모른다는 강박관념 때문에 지은 것으로, '아직도 살아있는 자'는 곧 키에르케고르 자신을 가리켰다. 한편 우연히도 이 책을 내

**키에르케고르의 명언**
"인생이란 뒤돌아볼 때 비로소 이해되는 것이지만, 우리는 앞을 향해 살아가야 한다"
Life can only be understood backwards; but it must be lived forwards. 안데르센이 한때 살았고,
키에르케고르가 자주 가던 카페 자리에는 현재 세계적인 패스트푸드점이 들어서있다.

**키에르케고르의 무덤**

키에르케고르의 장례식은, 많은 사람의 반대로 사망한 지 1주일 후에야 치러졌다.
우여곡절 끝에 아시스텐스 공동묘지의 가족묘에 안장되었지만, 무덤의 정확한 위치 역시 알려지지 않고 있다.

던 해에 그의 아버지는 막대한 유산을 남기고 세상을 떠났으며 정신적인 스승이었던 묄레르*Poul Martin Møller, 1794~1838* 역시 세상을 등지고 말았다.

키에르케고르는 작은 분량의 소책자 〈아직도 살아있는 자의 수기〉에서 안데르센이 1837년 말에 펴낸 〈어느 바이올리니스트〉를 부정적으로 평가하였다. 특히 소설의 주인공 크리스티안에 대해, 자신의 운명에 맞서 극복하기보다 회피하려 한다면서, 음악 천재가 아니라 '일관된 세계관이 결핍된 겁쟁이'라고 혹독하게 비판하였던 것이다.

이 같은 일이 있은 후, 두 사람의 관계는 완전히 단절되었다. 그 후 안데르센이 책을 보내는 등 화해하려고 시도했으나 뜻을 이루지는 못했다고 한다. 훗날 안데르센은 자신의 자서전에서 "세상 사람들이 농담 삼아, 키에르케고르의 그 책을 안데르센과 키에르케고르 두 사람만이 끝까지 읽었을 거라 말하곤 했다"라고 적고 있다.

키에르케고르는 1855년 마흔둘이라는 젊은 나이에 프레데릭 병원에서 외롭게 세상을 떠났다. 결국 화해하지 못하고 서로 등을 돌린 채 각자의 삶을 마감하고 말았는데, 두 사람은 코펜하겐의 서북쪽 아시스텐스 묘지*Assistens Cemetery* 안에 수백 미터의 거리를 사이에 두고 영원히 잠들어 있다.

## 11

# 영원한 디바, 예니 린드

안데르센은 1838년 12월, 4년 가까이 살아온 뉘하운 20번지에서 호텔 두 노르*Hotel du Nord*로 이사했다. 현재 마자랭 두 노르 백화점 건물로, 거리 홀멘스 카날을 사이에 두고 왕립극장과 마주하고 있다. 당시 안데르센이 묵었던 방은 호텔에서 가장 가격이 싼, 지붕 바로 아래 방이었다. 전망이 좋아서 거실에서는 콩겐스 뉘토르 광장과 왕립극장이 한눈에 들어왔다고 한다.

호텔이 오늘날처럼 대형 백화점이 된 것은 1879년의 일이었다. 무려 1백 40년이 넘는 오랜 역사를 갖고 있는 셈인데, 백화점 건물 상단에는 옛날의 호텔 시절에 사용하던 상호(商號) 등의 흔적이 아직 그대로 남아 있다.

안데르센이 고급 호텔로 이사하였다는 것은, 그만큼 작가로서의 위치가 확고해졌다고 할 수 있다. 또한 국내외의 저명인사나 문화예술계 사람들을 상대하기에도 여러모로 호텔이 유리하였을 것이다. 그는

1847년 9월까지 10년 가까이 이 호텔에서 거주하였다.

　안데르센은 이사하던 무렵에, 중요한 의미를 가진 동화 작품들을 발표하였다. 1838년에는 〈데이지 꽃〉The Daisy, 〈꿋꿋한 양철 병정〉The Steadfast Tin Soldier, 〈백조왕자〉The Wild Swans가 실린 〈동화, 아이들을 위한 새 책, 첫 번째〉Eventyr, fortalte for Børn. Ny Samling. Første Hefte를 발간하였다. 그리고 다음해인 1839년에는 〈천국의 정원〉The Garden of Paradise, 〈하늘을 나는 가방〉The Flying Trunk, 〈황새들〉The Storks이 수록된 〈동화, 아이들을 위한. 새 책, 두 번째〉Eventyr, fortalte for Børn. Ny Samling. Andet Hefte를 발행하였다.

　〈꿋꿋한 양철 병정〉은 자주 이야기되는 작품 중의 하나이다. 재키 울슐라거는 평전에서 이 작품에 대해, 전래동화 등에서 아이디어를 빌리지 않고 '순순하게 안데르센의 상상력이 만들어낸 첫 번째 이야기'라고 평가한 바 있다.

### 34살 때에 〈그림 없는 그림책〉 출간

　1839년 12월, 34살의 안데르센은 오늘날에도 널리 애독되는 단편 동화집 〈그림 없는 그림책〉Picture Book without Pictures을 출간했다. 인도를 비롯해서 이탈리아, 핀란드, 중국 등 세계 여러 나라의 민담에서 아이디어를 얻어 쓴 33편의 짧은 동화를 엮은 책이다.

　가난한 화가가 고향을 떠나 낯선 대도시의 허름한 다락방에서 외롭게 지내고 있었다. 다행히 밤마다 밝은 달이 찾아와 이야기를 들려주었는데, 이를 기록한 것이 이 소설이라는 동화적 설정을 바탕으로 하고 있다. 이 때문에 각 작품에는 '서른 번째의 밤'하는 식으로 제목 끝에 '밤'Evening을 붙이고 있다.

〈그림 없는 그림책〉은 이야기 소재가 독특하고 등장인물들이 흥미로워서 일찍부터 독자들의 사랑을 받아왔다. 33편의 동화 중에서, 특히 두 번째 작품을 비롯해서 열일곱 번째 밤, 서른한 번째 밤, 서른세 번째 밤 등의 작품은 문학성 높은 뛰어난 수작으로 평가받고 있다. 그리고 세 번째 밤과 아홉 번째 밤, 열 번째 밤, 열여섯 번째 밤 등의 작품 역시 독자들로부터 많은 관심을 받고 있는 작품이다.

### 19세기 오페라의 여신, 예니 린드

디바$_{Diva}$는 '여신'이란 뜻의 이탈리아어이다. 흔히 최고 인기를 누리는 오페라의 소프라노 가수를 뜻하는데, 19세기의 대표적인 디바로는 예니 린드를 비롯해서 아델리나 파티$_{Adelina\ Patti\ 1843~1919}$, 넬리 멜바$_{Nellie\ Melba\ 1861~1931}$ 등이 있다.

특히 예니 린드$_{Jenny\ Lind,\ 1820~1887}$는 19세기 중엽 유럽 오페라계를 이끌었던 대표적인 프리마돈나였다. 그녀는 '스웨덴의 나이팅게일'이라 불리며 숱한 화제를 뿌리면서 한 시대를 풍미하였다.

예니 린드는 1820년 스톡홀름에서 사생아로 태어났다. 아버지는 노래를 좋아하는 22살의 청년이었으며 어머니는 27살의 학교 선생이었다. 두 사람은 종교적인 이유로 어머니의 첫 남편이 사망할 때까지 결혼하지 않고 있다가, 린드가 14살이 되던 해인 1834년에 정식으로 혼인식을 올렸다.

그녀는 일찍부터 천재적인 능력을 보였다. 그녀의 특출한 음악적 재능이 발견되는 일화는 오늘날에도 많은 사람들 입에 오르내리고 있다.

**백화점 마가쟁 두 노르**

백화점 전에는 안데르센이 오랫동안 머물렀던 호텔 두 노르였다. 건물 정면의 상단에는 옛날의 호텔 시절을 연상케 하는 문양이 아직 남아 있다.

예니 린드가 9살 때였다. 그녀는 창가에 앉아 고양이에게 노래를 불러주곤 했다. 어느 날 스웨덴 왕립 오페라단의 유명 여가수의 하녀가 그 앞을 지나가다 노래를 듣고는 주인에게 달려가 이야기를 전했다. 그러자 유명 여가수는 소녀를 불러 노래를 부르게 한 뒤에 소녀의 어머니에게 "놀랍게도 이 아이는 하늘이 내린 비상한 재능을 갖고 있습니다. 무대 위에서 노래할 수 있도록 반드시 가르쳐야 합니다."라고 설득하였다. 그리고는 그 자리에서 스톡홀름 성악학교의 입학을 적극 추천하였다.

학교 측에서도 예니 린드의 뛰어난 재능에 크게 놀라워했다. 심사위원 중에는 감동을 받아 눈물을 보인 이도 있었다. 학교 측에서는 당장 입학시킬 것을 권하면서, 교육에 드는 모든 비용을 자신들이 부담하겠다는 뜻을 밝혔다. 예니의 부모들로서는 거절하기 힘든 제안이었다.

이후 그녀는 10살에 학교에 입학하였고, 이때부터 체계적으로 음악공부를 하기 시작하였다. 나중에 알게 된 사실이지만, 일반적으로 성악학교 입학은 14살이 되어야 가능했다고 한다.

예니 린드가 음악계에 데뷔한 것은 18살 때인 1838년이었다. 베버의 오페라 〈마탄의 사수〉에서 산림보호관의 딸 아가테 역을 맡아 호연을 펼쳐서 성공적인 데뷔를 하였다. 그 후에도 계속 뛰어난 실력을 발휘해서 20살 때에 스웨덴 왕립음악원의 회원이 되는 등 소프라노

**아마게르토르**
언제나 사람들로 붐비는 코펜하겐에서 가장 번화한 광장이다. 주변에 도자기 로얄 코펜하겐 등 세계적인 명품을 파는 가게들이 늘어서 있다.

가수로서의 위치를 확고히 했다. 하지만 1840년경에 성대를 무리하게 혹사시켜 한때 위기에 처하기도 하였으나, 다행히 스페인 출신의 성악가 마누엘 가르시아_{Manuel García, 1805~1906}의 도움으로 성대 질환에서 벗어날 수 있었다.

이후 예니 린드는 스웨덴 등 북유럽에서 열린 많은 오페라 공연에서 여주인공역을 맡았다. 특히 1844년 12월 독일 베를린에서 열린 빈첸초 벨리니의 오페라 〈노르마〉 공연에서 뛰어난 열연을 보여, 유럽을 대표하는 프리마돈나로서 인정받기에 이르렀다..

### 예니 린드와 쇼팽, 멘델스존

안데르센이 그녀를 처음 만난 것은 1840년 호텔 두 노르에서였다. 하지만 이때는 간단히 의례적인 인사만 나누었을 뿐이다.

3년 후인 1843년 9월, 두 사람은 발레 감독 부르농빌의 집에서 다시 만나게 되었다. 안데르센은 30대 후반의 나이였으며, 그녀는 15살이나 어린 20대 초반의 젊은 여인이었다. 당시 그녀는 베버의 오페라 〈마탄의 사수〉에서 보인 열연으로 주목받아, 수많은 출연 제의를 받는 등 오페라 가수로서 점차 분주하게 보내기 시작할 때였다.

안데르센은 예니 린드에게 매력을 느끼면서 하염없이 빠져들었다. 그리고 한편으로는 자신의 애틋한 사랑의 뜻을 그녀에게 전하기 위해 다양한 방법으로 애를 썼다.

사실 두 사람은 여러 가지 면에서 서로 비슷한 점이 많았다. 출신성분이나 가족관계 등은 물론, 어린 시절 할머니와 오랜 시간을 같이 보내며 많은 영향을 받았던 것에 이르기까지 흡사했다. 심지어 어머니가 예

**예니 린드**
'스웨덴의 나이팅게일'이라 불리던 그녀는 19세기 중엽 유럽 오페라계를 이끌었던 프리마돈나였다.

**덴마크 왕립극장**
연극과 춤 공연을 무척 즐긴 안데르센은
거의 매일이다시피 출입했다.
이 때문에 그는 자신의 집도 극장
가까운 곳에 마련하였다.

전에 혼인해서 낳은 이부(異父) 언니까지 있다는 사실까지도 두 사람이 같았다. 이 때문에 안데르센은 그녀에게 강한 친밀감을 느꼈으며 가까이 다가가려고 했던 것이다.

하지만 예니 린드는 안데르센에 대해 무관심할 뿐이었다. 음악계에 막 데뷔한 그녀는, 안데르센과의 사랑보다는 새롭게 각광받기 시작한 오페라 무대에 더 많은 열정을 쏟아 붓고 있었다. 그리고 쇼팽과 멘델스존 등 저명한 음악가들과 어울려 시간 보내는 것을 좋아했다.

사실 안데르센과는 나이 차이가 많았을 뿐더러, 남자로서의 매력을 느끼기가 힘들었다. 결국 예니 린드는 계속된 안데르센의 구애(求愛)를 외면하였으며, 1844년 3월에는 '친구 또는 오라버니 이상으로는 생각해 본 적이 없다'라며 분명한 뜻을 전해왔다.

언제나처럼, 안데르센 주위에는 뛰어난 재능을 가진 아름답고 매력적인 여성들이 많았다. 그리고 그녀들 대부분 그의 탁월한 창조력에 찬사를 보냈으며 예술적 감수성에 감탄해마지 않았다. 하지만 어느 누구도 그에게 사랑으로 발전할 수 있는 여유를 주지 않았다. 아무도 그를 평생 같이 살아갈 반려자(伴侶者)로서는 여기지 않았던 것이다. 결국 이번에도 안데르센의 사랑은 일방적인 짝사랑으로 귀결되고 말았다.

### 수천 명의 청중들 몰려와

예니 린드는 1840년대 유럽 음악계의 여왕과 같은 존재였다. 대도시에서 공연할 때면, 그녀를 보기 위해 수많은 사람들이 몰려들어 공연장 입장권이 몇 배나 비싼 가격으로 거래되곤 했다. 그리고 공연이 끝난 뒤에는 수천 명의 청중이 그녀 숙소로 몰려들기 일쑤였으며, 그때마다

**요나스 콜린의 집**
요나스 콜린은 1838년에 아말리엔보르 성이 가까운 아말리에가데 9번지로 이사하였다.

수십 번씩 발코니로 불려나가곤 했다고 한다.

또한 그녀는 멘델스존과 쇼팽 등 당대의 저명한 음악가들과도 가까이 지냈다. 그리고 적지 않은 스캔들을 만들기도 했는데, 특히 일부 쇼팽 연구가들은 두 사람이 1848년에 결혼하였다고 주장하고 있을 정도로, 쇼팽과 예니 린드 두 사람은 한때 친구 이상의 가까운 관계였던 것으로 알려지고 있다.

놀랍게도, 예니 린드는 29살이라는 젊은 나이에 갑자기 오페라 무대에서 은퇴하였다. 그리고 다음해인 1850년부터 1852년 5월까지 흥행사로 이름이 높은 미국의 바넘 P.T. Barnum, 1810~1891의 초청을 받아, 미국 전역을 순회 공연해서 많은 사람들을 어리둥절하게 했다. 그리고 그녀는 전격적으로 미국 공연 중에 알게 된 피아니스트 오토 골트슈미트 Otto Goldschmidt와 결혼하였다. 남편은 그녀보다 9살이나 나이 어린 독일 함부르크 출신의 음악가였다.

1855년, 예니 린드는 남편과 함께 영국 런던에 정착하였다. 나머지 생애의 대부분을 이 도시에서 음악 교육자로 보내다가, 1887년 67세의 나이로 19세기를 대표하던 디바로서의 화려한 삶을 마감하였다.

안데르센은 1843년에 동화 〈나이팅게일〉 The Nightingale을 발표하였다. 일부에서는 예니 린드 때문에 이 작품이 창작된 것으로 보는 견해가 있다. 그녀가 '스웨덴의 나이팅게일'이라 불리었으며, 또한 이 작품이 발표된 시기가 안데르센이 한창 예니 린드를 향해 사랑의 감정을 쏟아내고 있었을 때이기 때문이다.

### 존 키츠의 〈나이팅게일에게 부치는 노래〉

하지만 동화 〈나이팅게일〉의 내용 등을 면밀히 살펴보면, 영국의 낭만파 시인 존 키츠_John Keats, 1795~1821_가 1819년에 발표한 대표작 〈나이팅게일에게 부치는 노래〉_Ode to a Nightingale_로부터 영감을 받아 동화 〈나이팅게일〉을 쓴 것으로 보는 게 타당하지 않나 싶다. 키츠는 동생 톰이 결핵으로 사망한 것에 큰 충격을 받았으며, 시 〈나이팅게일에게 부치는 노래〉를 통해서 이때의 인간적인 고뇌와 괴로움 등을 표현하였다. 실제로 이 시에는 '불멸의 새', '그 옛날 황제와 어릿광대' 등 동화의 줄거리를 연상케 하는 시의 구절이 적지 않다.

안타깝게도 존 키츠는 26살이라는 젊은 나이에 요절하였다. 셰익스피어와 견줄 정도로 탁월한 재능을 가지고 있었지만, 몹시 불우하고 힘든 삶을 살았다. 키츠의 부모는 그가 각각 8살과 14살 때에 세상을 떠났으며, 동생 역시 23살 때에 세상을 등지고 말았다. 존 키츠 또한 20대 중반의 젊은 나이에 로마에서 외롭게 결핵으로 사망하였다.

'여기, 이름을 물 위에 새긴 사람이 잠들다'

Here lies one whose name was write in water.

'천재 시인' 존 키츠의 무덤에 새겨진 묘비명이다.

12

# 안데르센, 불멸의 동화작가 되다

1843년 8월 15일, 코펜하겐에 새로운 명소인 티볼리 공원 *Tivoli Gardens* 이 문을 열었다. 티볼리 공원은 대규모 위락단지로, 수만 평의 넓은 대지 위에 롤러코스터 등 수십 종류의 놀이기구와 야외 음악당, 극장, 수십 개의 레스토랑, 잘 꾸며진 숲과 정원, 분수대 등의 다양한 위락시설을 갖추고 있다. 일종의 테마 파크로서 각종 이벤트가 벌어지며, 중국식 야외 공연장에서는 춤과 노래가 곁들여진 간단한 보드빌이 공연되기도 한다.

### 2백 년 전인 1843년에 문 열어

티볼리 공원의 설립은, 잡지 발행인 등을 역임한 게오르그 카르스텐센 *Georg Carstensen, 1812~1857* 등이 주도해 이끌어나갔다. 그는 "사람들이 즐거운 놀이에 빠지면 정치에 관심이 없어지게 마련이다"라는 말로 크리스티안 8세를 설득해서 코펜하겐의 서쪽 성문인 베스테르포르트 근처에 2만여 평의 대규모 위락시설을 만들었던 것이다. 이름에 티볼리라는 이탈리아의 도시 이름을 붙인 이유는, 공원을 설계할 때에 티볼리 시에 있는 빌라 데스테 *Villa d'Este* 정원을 참고하였기 때문이다. 이 공원은 전 세계의 놀이공원 중에서 두 번째로 오랜 역사를 갖고 있다.

세계에서 가장 오래된 공원 역시 덴마크에 있다. 클람펜보르 *Klampenborg*에 있는 뒤레하우스바켄 *Dyrehavsbakken*인데, 사슴이 많아 이 같은 이름을 갖게 되었다. 울창한 숲으로 이루어졌으며, 한때 왕실의 사냥터로 사용되었다. 1583년에 문을 열었으니 무려 5백년 가까운 오랜 역사를 갖고 있는 셈이다. 줄여서 바켄이라 부르는 이 공원에는, 놀랍게도 나무로 제작된 롤러코스터가 지금도 운행되고 있다.

티볼리 공원은 코펜하겐 중심지에서 멀지 않은, 시청사와 중앙역 사이에 위치하고 있다. 이처럼 교통이 편리한 탓에, 해마다 5백만 명 가까운 많은 관람객이 이 공원을 찾아오고 있다.

안데르센 역시 이곳을 무척 좋아했다. 티볼리 공원을 자주 방문해 레스토랑 등에서 사람을 만나거나 동화 등을 구상하기도 하였다. 그 대표적인 작품이 바로 그 유명한 〈나이팅게일〉이다. 이 소설은 중국 황제와 궁전과 정원을 배경으로 하고 있는데, 집필할 때에 티볼리 공원의 숲과 호수, 중국식 야외 공연장 등의 시설물에서 많은 착상을 얻었다고 한다.

### 명작 〈미운 오리 새끼〉 태어나다

티볼리 공원이 정식으로 문을 열던 그해 늦가을, 안데르센은 자신의 대표작이라 할 수 있는 걸작 〈미운 오리 새끼〉를 발표했다. 1843년 11

**안데르센 동상과 티볼리 공원**

티볼리 공원은 1843년 8월 15일에 문을 열었다. 전 세계의 놀이공원 중에서 두 번째로 오랜 역사를 갖고 있으며,
안데르센도 이곳을 좋아해 자주 찾았다.

월 11일의 일이었다.

〈미운 오리 새끼〉 *The Ugly Duckling*는 분량이 짧은 편이다. 내용도 단순하며 간단한 구조로 되어 있다. 하지만 겉으로 보이는 모습보다 내면의 아름다움을 볼 줄 알아야 한다는 중요한 교훈을 담고 있어서, 많은 사람들의 사랑을 받아왔다.

〈미운 오리 새끼〉는 안데르센의 작품 중에서 가장 널리 알려져 있는 동화이다. 그리고 그의 많은 작품 중에서 가장 뛰어난 수작(秀作)이라는 평가를 받는 작품이기도 하다. 그렇다면 안데르센이 문학적 절정기를 이루던 시기는 과연 언제였을까?

안데르센은 38살이 되던 해인 1843년에 새로운 동화집을 발간하기 시작했다. 1843년 11월 10일에 〈새로운 동화들, 1권〉 *Nye Eventyr. Første Bind. Første Samling*을 레이첼 출판사에서 출간하였다. 이 책에는 모두 4권의 동화가 수록되어 있는데, 그중의 하나가 바로 이 〈미운 오리 새끼〉이다. 나머지 세 작품은 〈천사〉 *The Angel*, 〈연인들〉 *The Sweethearts* 그리고 앞서 설명한 〈나이팅게일〉 *The Nightingale*이다.

### 〈눈의 여왕〉과 〈전나무〉

안데르센은 〈새로운 동화들, 1권〉을 출간한 지 1년여 뒤인 1844년 12월 21일에 〈새로운 동화들, 2권〉 *Nye Eventyr. Første Bind. Anden Samling*을 출간하였다. 이 책이 주목되는 것은, 그의 대표작 중의 하나라 평가받는 〈눈의 여왕〉 *The Snow Queen*과 〈전나무〉 *The Fir Tree* 두 작품을 수록하고 있기 때문이다.

〈눈의 여왕〉은, 모두 일곱 편의 이야기로 구성되어 있다. 이들 이야기는 서사적(敍事的)으로 전개되고 있는데 이를 풀이하면 다음과 같다.

난쟁이 악마가 어느 날 신비한 힘을 가진 마술 거울을 만들었다. 그 거울은 비추는 물건의 모습을 왜곡시키는 힘을 갖고 있었다. 아름다운 모습은 바꾸지 못하지만, 나쁘고 추한 모습들은 실제보다 과장되게 보이는 힘을 가진 것이다. 어느 날 거울은 바람에 날아가 깨져서 10억 개의 조각이 되어 그만 세상 사람들의 심장과 눈에 날아가 박힌다. 소년 카이와 소녀 게르다는 어릴 적 친구로, 나이가 들면서 서로 사랑하는 연인이 된다. 그러나 거울 조각이 카이의 눈과 심장에 들어가면서, 마음씨가 잔인하고 짓궂게 변해버린다. 결국 두 사람은 헤어지고, 카이는 눈의 여왕의 궁전에 남게 된다. 그 후 게르다는 사랑과 순수함으로 카이를 구출해 내고, 두 사람은 옛날 집으로 돌아가 행복하게 산다.

〈눈의 여왕〉은, 안데르센의 작품 중에서 비교적 긴 편에 속한다. 안데르센은 이 작품을 통해, 세상을 차가운 이성의 눈으로 바라보기보다는 사랑의 힘으로 따뜻하게 바라보아야 한다는 뜻을 전하고 있다. 그리고 〈전나무〉는 전나무의 일생을 통해서 현재에 만족하지 못하고 헛된 꿈을 꾸는 우리 인간들의 어리석음과 우둔함을 보여주고 있다. 우리는 삶 자체를 있는 그대로 받아들여야 한다는 철학적인 메시지를 담고 있는 작품이라 할 수 있다.

〈안데르센 평전〉을 쓴 재키 울슐라거는 이 작품에 대해서 "안데르센의 작품 가운데 가장 탁월하며 상징적 표현이 복합적이고 깊이가 있다"라고 평하고 있다. 이처럼 1844년 말에 출간된 〈새로운 동화들, 2권〉에 실린 〈눈의 여왕〉과 〈전나무〉를 문학성이 높은 수작으로 평가하며, 안데르센 최고의 걸작으로 보는 견해들이 적지 않다.

**티볼리 공원**
2만 평에 이르는 대규모 위락단지로 롤러코스터 등 수십 종류의 놀이기구와
야외 음악당, 수십 개의 레스토랑 등의 다양한 시설을 갖추고 있다.
중국식 야외 공연장에서는 요즘은 보기 드문 간단한 보드빌이 공연되기도 한다.

## 나이 마흔인 1845년에 〈성냥팔이 소녀〉 발표

안데르센은 창작열은 1845년에 들어서도 계속 이어졌다. 1845년 그 해 봄인 4월에 〈새로운 동화들, 3권〉 Nye Eventyr. Første Bind. Tredie Samling을 출간하였다. 이 작품집에는 널리 알려진 〈빨간 구두〉 The Red Shoes를 비롯해서 〈밤의 유령들〉 Night Ghosts, 〈양치기 소녀와 굴뚝 청소부〉 The Shepherdess and the Chimney Sweep, 〈홀게르 단스케〉 Holger Danske 등의 작품이 실려 있다.

그리고 1845년 연말에 이르러서는, 대표작 중의 하나인 그 유명한 〈성냥팔이 소녀〉 The Little Match Girl를 출간하였다.

새해를 앞둔 연말, 성냥팔이 소녀가 거리에서 추위에 떨고 있었다. 아버지가 성냥을 팔라며 그녀를 추운 거리로 내몰았던 것이다. 하지만 대부분의 사람들은 소녀에게 눈길조차 주지 않고 바쁜 걸음을 재촉할 뿐이었다. 소녀는 추위를 이기기 위해 성냥에 불을 붙였다. 그때마다 신기하게 맛있는 음식이 가득한 식탁과 아름다운 크리스마스 트리와 같은 환상이 눈앞에 나타났더가 사라졌다. 소녀는 견딜 수 없어 너무 추위서 계속 성냥을 켰다. 성냥이 하나둘씩 환하게 피어오르다가 금방 사라져갔다. 다음날 새해가 밝았다. 그러나 소녀는 안타깝게도 추위에 그만 목숨을 잃고 말았다.

이 〈성냥팔이 소녀〉은 분량이 길지 않은 짧은 동화이다. 하지만 어느 장편소설보다 많은 것을 생각하게 하는, 애절하고 슬픈 이야기를 담고 있는 동화라 할 수 있다. 흔히 안데르센이 아버지에게 내몰려 거리에서 동냥을 할 수 밖에 없었던 불우한 어머니를 생각하며 쓴 작품이라 알려져 있다. 가엾은 성냥팔이 소녀처럼, 그의 어머니도 어린 시절 동냥에 나선 뒤 빈 손으로 아버지가 있는 집으로 돌아가는 것이 너무 무서웠다고 한다.

### 세계적인 동화작가로 등극

앞에서 설명한 것처럼, 안데르센은 34살이던 해인 1839년에 33편의 작품이 수록된 〈그림 없는 그림책〉을 펴냈다. 이어서 3년 동안 해마다 동화책 한 권씩을 출간하는 놀라운 능력을 보여주었으며, 나이 마흔이 되던 해인 1845년 12월에는 그 유명한 〈성냥팔이 소녀〉를 발표해서 자신의 지명도를 더더욱 높였다.

이처럼 안데르센은 30대 후반부터 40대 후반까지 10여 년 동안 뛰어난 작품들을 왕성하게 발표하였다. 따라서 바로 이 무렵이 안데르센이 문학적으로 정점을 이루었던 시기라고 볼 수 있는 것이다.

이후 안데르센은 국제적인 명성을 가진 동화작가로서 확고히 자리를 잡았다. 이웃나라 독일과 스웨덴은 물론 바다 건너 영국 그리고 미국 등지에도 그의 이름과 작품이 널리 퍼지기 시작했다. 더구나 그는 〈인어 공주〉, 〈눈의 여왕〉과 같은, 독창적이면서도 개성이 강한 작품들을 발표해왔기 때문에, 언제나 많은 사람의 관심과 호기심을 이끌곤 했다.

당시 안데르센은 해외여행에 나설 때마다 '국제적인 저명인사'로 대접을 받았다. 방문하는 나라의 왕족이나 귀족, 저명한 문화예술인들의 초청을 받았으며, 각종 행사에 중요인사로 초대되기도 했다.

그 중에서 특히 프로이센의 국왕 프리드리히 빌헬름 4세*Friedrich Wilhelm IV, 1795~1861*가 수여하는 붉은 독수리 기사 작위를 받았으며, 바이마르의 카를 알렉산더*Carl Alexander, 1818~1901* 대공과 깊은 친분을 나누는 영광을 누리기도 했다. 당시 안데르센에게 외국여행은, 문학적 영감을 얻는 동시에 세속적인 성공과 출세를 만끽할 수 있는 좋은 기회이기도 했을 것이다.

### 마침내 그림 형제를 만나다

그림 형제는 '독일 동화의 창시자'라 평가받는 문헌학자, 언어학자이다. 야콥*Jacob Ludwig Carl Grimm, 1785~1863*과 빌헬름*Wilhelm Carl Grimm, 1786~1859* 두 형제는, 카셀의 시립도서관에서 근무할 때인 1806년경부터 독일 중부 지방에 오랫동안 전해오는 방대한 양의 동화를 수집하였다. 그리고 1812년에 86편의 이야기를 담은 〈어린이와 가정을 위한 동화집〉 *Kinder-und Hausmärchen*을 발간하여 독일 설화연구에 중요한 토대를 쌓았다. 이 책에는 오늘날 우리가 누구나 한번쯤 읽었을 법한 〈백설 공주〉를 비롯해서 〈잠자는 숲 속의 미녀〉, 〈라푼젤〉, 〈헨젤과 그레텔〉, 〈브레멘 음악대〉 등의 작품이 실려 있다.

그 후 형 야콥은 주로 언어학과 역사학 연구를 몰두하여 〈독일어 문법〉, 〈독일어 역사〉 등을 펴냈으며, 동생 빌헬름은 독일 전설과 민담 연구에 많은 노력을 기울여 〈독일 영웅전설〉 등을 출간했다. 또한 두 사람이 〈독일어 사전〉을 함께 펴내서, 독일의 언어와 역사, 문학 등 오늘날 독일 인문학의 정립과 연구에 큰 공헌을 하였다. 이 때문에 그림 형제는 독일 인문학의 발달에 크게 기여한 인물로 평가받고 있다.

특히 그림 형제가 1812년에 펴낸 〈어린이와 가정을 위한 동화집〉은 전 유럽에 큰 영향을 미쳤다. 유럽 여러 나라의 어린이들에게 독일 설화를 소개하는 것은 물론, 예부터 전해져오는 전설과 속담 등을 각 나라에서 본격적으로 수집, 정리하는 계기를 만들었던 것이다.

**그림형제의 동상**
그림 형제는 '독일 동화의 창시자'라 평가받는 인물들이다.
형 야콥과 동생 빌헬름 두 사람은 1806년경부터 독일에 전해져오는 동화를 수집하여 1812년에
책으로 발간해서 독일 설화연구에 중요한 토대를 쌓았다. 앉아있는 인물이 형 야콥이다.

1844년 7월 21일, 안데르센은 베를린을 방문하였을 때에, 바쁜 일정 속에서도 시간을 내 그림 형제의 집을 불쑥 찾았다. 실례인 줄 알면서도, 자신을 반겨줄 것이라 예상하고는 사전연락 없이 방문했던 것이다. 당시 그림 형제는 1840년경부터 베를린에서 교수로 재직하고 있었다.

하지만 뜻밖에도 형인 야콥 그림은 안데르센을 전혀 알아보지 못했다. 안데르센의 작품을 읽어보지 못한 것은 물론, 대체 그가 무엇을 하는 사람인지도 모르고 있었다. 안데르센으로서는 참으로 민망한 일이 아닐 수 없었다.

이 같은 흥미로운 일화를 통해, 우리는 동화를 대하는 안데르센과 그림 형제 두 사람의 입장 차이를 읽을 수 있다. 그림 형제는 과거부터 전해져 내려오는 '과거에 만들어진' 동화에 관심이 있었다면, 안데르센은 작가로서 '앞으로 만들어나갈' 동화에 주된 관심이 있었던 것이다. 다시 말하면 그림 형제는 과거의 존재했던 전설과 동화 등을 학술적으로 수집하고 정리하는 '동화 연구가의 입장'이었다면, 안데르센의 새로운 동화를 창작해가는 '동화 창작자'의 관점에서 동화를 다루어왔던 것이다.

다음해 크리스마스 무렵이었다. 안데르센은 다시 베를린을 방문하였는데, 프로이센 왕실의 귀족들이 주최하는 모임에 스칸디나비아를 대표하는 예술가로서 초대를 받은 것이다. 당시 스웨덴 출신의 성악가 예니 린드도 베를린에 머물고 있었다. 20대 중반이었던 그녀는 북유럽 최고의 소프라노로서 최절정의 인기를 누리고 있었다.

1845년의 크리스마스 전야, 안데르센은 야콥 그림을 다시 방문했다. 두 사람은 긴 시간 동안 동화에 대해 이야기를 나누며 우의를 쌓았다. 그리고 다음날인 크리스마스에는 동생 빌헬름 그림을 만나 많은 시간을 같이 보냈다. 이때 빌헬름은 안데르센에게 몇 년 전에 발표한 〈전나무〉를 무척 좋아한다고 말했다.

당시 세 사람은 서로를 좋아해서 한동안 매일 만나다시피 했다고 한다. 적지 않은 나이 차이에도 불구하고, 이들은 동화를 사랑하는 입장에서 많은 교감을 나눌 수 있었던 것이다. 당시 그림 형제는 60세를 전후한 나이로 안데르센보다 스무살 가량 많았다.

### 찰스 디킨스의 초대를 받다

1857년 여름, 안데르센은 영국의 유명한 소설가 찰스 디킨스로부터 초청을 받았다. 디킨스는 어린 시절에 살던 영국의 동부 로체스터 Rochester에서 멀지 않은 하이암Higham의 개즈 힐 플레이스Gads Hill Place에 저택을 새로 마련하였는데, 그곳으로 안데르센을 초대한 것이다. 디킨스에게는 저택을 사들인 후에 처음으로 맞는 중요한 손님이었다. 두 사람은 10년 전인 1847년 여름에 런던에서 만나, 그 후 꾸준히 우정을 나누었다.

찰스 디킨스Charles Dickens, 1812~1870는 빅토리아 시대에 활동한 19세기의 대표적인 영국 소설가이다. 〈올리버 트위스트〉, 〈크리스마스 캐럴〉, 〈황폐한 집〉, 〈위대한 유산〉 등과 같은 당시의 시대적 모순을 날카롭게 비판한 작품들을 발표하여 높은 인기를 누렸으며 당대 최고의 소설가로 인정받고 있었다. 오늘날에도 많은 영국인들은 그를 셰익스피어 못지않은 위대한 작가로 존경하고 있다.

앞서 살핀 것처럼, 안데르센은 마흔을 전후로한 몇 년 동안 〈미운 오리 새끼〉를 비롯해서 〈눈의 여왕〉, 〈전나무〉, 〈성냥팔이 소녀〉 등 걸작 동화를 계속 발표해서 세계적인 동화작가로서의 위치를 확고히 하였다. 이후 그의 명성은 유럽 대륙 외에도 바다 건너 영국이나 미국에까지 널리 퍼지게 되었다.

당시 안데르센은 이 같은 명성을 바탕으로, 멘델스존과 리스트 등 유럽을 대표하는 저명한 예술가와 작가들과도 교류하게 되었다. 그 중에는 당대 최고의 인기를 누리던 영국의 소설가 찰스 디킨스도 포함되어 있었다. 특히 디킨스는 안데르센의 작품을 무척 좋아해서 언제나 적극적으로 만나기를 원해 그때마다 많은 시간을 같이 보냈다. 이렇게 해서 두 사람은 10여 년 전부터 우정을 나누어왔던 것이다.

하지만 1857년 6월의 만남은, 예전과는 사뭇 다르게 전개되었다. 안데르센은 이 집에서 찰스 디킨스를 비롯해 그 가족들과 한 달 넘게 같이 지냈는데, 막상 같은 집에 함께 머물게 되자 서로 불편을 느끼기 시작한 것이다.

그동안 안데르센은 소소한 일까지 하숙집 여주인 등 주위로부터 도움을 받으며 생활해왔다. 하지만 찰스 디킨스의 식구들은 세세한 일까지 남을 돌보는 일이 낯설어서 서로에게 곤란한 일들이 계속 일어났던 것이다. 그리고 두 사람 모두 강한 개성을 갖고 있어서, 작은 일에도 쉽게 의견이 충돌하곤 했다.

결국 두 사람은, 한 집에서 같이 생활하는 것이 서로에게 너무 힘든 일이라는 우울한 결론만을 얻고 씁쓸하게 헤어지고 말았다. 그 후 디킨스는 안데르센의 편지에 일체 답장하지 않았다. 그리고 서로를 초대한 적도 없었다. 다시 만날 생각이 서로에게 아예 없었던 것이다.

1870년 6월 9일, 안타깝게도 찰스 디킨스는 이 집에서 58세이라는 나이로 세상을 떠났다. 안데르센과 함께 지냈던 개즈 힐 플레이스의 저택이 그가 말년을 보낸 장소가 된 셈이었다.

**로체스터의 이스트게이트 하우스**
16세기에 지어진 건물로 찰스 디킨스의 작품에 자주 등장한 건물이다. 한때는 디킨스 센터로 사용되었으며, 승용차로 20여 분 가면 찰스 디킨스가 말년을 보낸 집에 닿을 수 있다.

13

## '어린이의 영원한 친구', 안데르센

1867년 12월 6일, 안데르센은 자신의 고향 오덴세를 공식 방문했다. 오덴세 시로부터 명예시민으로 추대를 받아 그 축하행사에 참석하기 위해서였다.

넓은 시청 앞 광장은 수많은 시민들로 대성황을 이루고 있었다. 축하행사에 참석한 62살의 안데르센은 깊은 감회에 젖을 수 밖에 없었다. 오덴세에 시민들이 자신을 뜨겁게 맞아주었을 뿐더러, 그의 아버지가 묻힌 크누드 교회 건물이 바로 보였기 때문이다.

당시 안데르센은 릴레 콩겐스가데 *Lille Kongensgade* 1번지에서 살고 있었다. 왕립극장이 바로 마주보이는 지점으로, 코펜하겐을 대표하는 그 유명한 거리 스트뢰에의 동쪽 끝에서 멀지 않은 곳이다.

그는 토라 할라게르 *Thora Hallager, 1821~1884*가 소유한 이 집에서 1866년 10월 28일에서 1869년 6월 16일까지 3년 가까이 하숙하였다. 그리고 그녀가 뉘하운 18번지로 집을 옮겼을 때, 뒤따라가 1871년부터 1873년까지 그녀의 집에서 생활하였다. 토라 할라게르는 덴마크 최초의 여성 사진작가 중의 한 사람이었다. 파리 등지에서 사진을 공부하였으며, 1850년대에 코펜하겐에서 스튜디오를 열어 활동하였다.

원래 이 일대는 콩겐스 뉘토르가 바라보이는 번화가라 오래 전부터 유명한 카페들이 자리잡았다. 릴레 콩겐스가데 1번지의 건물 1층에는 그 유명한 〈카페 아 포르테〉 *Café à Porta*가 있었다. 한때 코펜하겐을 대표하던 이 카페는 1790년대부터 2010년대 초까지 2백년 넘게 이곳에서 영업해 왔으나, 경영난으로 몇 년 전에 햄버거를 판매하는 국제적인 패스트푸드 식당으로 바뀌고 말았다.

그리고 철학자 키에르케고르가 집필에 몰두하던 1840년대에 자주 출입하던 카페도 길 안쪽에 위치하고 있었다. 이 때문에 1층 패스트푸드 식당 벽면에는, 안데르센과 키에르케고르가 이 건물과 관계가 있음을 설명하는 글이 부착되어 있다.

1869년 9월 6일, 안데르센으로서는 잊을 수 없는 행사가 코펜하겐에서 벌어졌다. 그의 '코펜하겐 입성(入城) 50주년'을 기념하는 연회가, 224명의 덴마크 문화계의 주요 인사들이 참석한 가운데 성대하게 열렸다. 그날 안데르센은 지난 50년의 세월을 되돌아보며 깊은 감회에 젖지 않을 수 없었을 것이다.

### 안데르센, 황혼 속을 걷다

1870년 4월 2일, 안데르센은 자신의 65번째의 생일을 맞았다. 이 날의 생일잔치는 코펜하겐 시내에 있는 멜키오르의 집에서 열렸다.

안데르센은 1864년경부터 멜키오르*Mechior*, 헨리크베스*Henriques* 가족

**멜키오르의 집**
안데르센은 말년에 이르러 멜키오르, 헨리케베스 가족 등과 가까이 지냈다.
왼쪽에 보이는 연분홍색 건물이 가끔 머물던, 호이브로 플라즈 21번지의 멜키오르의 집이다.

과 가까이 지내 왔다. 이들은 외롭게 혼자 생활하는 나이 든 안데르센을 위해서, 자주 방문하거나 연회를 열어주곤 했다. 두 가족은 유대인 출신의 거부들로서, 서로 혼인관계를 맺고 있었다.

당시 안데르센은 코펜하겐 시내 호이브로 플라즈*Højbro Pl.* 21번지 멜키오르의 아파트 2층에 머물고 있었다. 멜키오르 가족의 요청을 받아들여, 3월 중순부터 5월 21일까지 그들이 알제리로 여행하는 동안 그들의 아파트에 거주하였던 것이다. 원래 이 집은 이곳에 살던 정치인이자 출판업자인 칼 플루그*Carl Ploug*의 이름을 따라 플루그 하우스*Ploug House*라 불리었다. 안데르센은 이 건물 2층에서 생활하는 동안 말년의 대표작인 〈온 가족이 말하는 것〉*What the Whole Family Said*을 집필하였다. 대주교 압살론의 동상이 서있는 호이브로 플라즈 가까운 21번지의 이 집은 오늘날에도 남아 있다.

안타깝게도 안데르센은 자신의 65번째의 생일을 맞아 우울하게 보낼 수밖에 없었다. 예전에 자신의 생일날에 찾아와 축하해주었던 사람들의 모습이 점차 보이지 않았기 때문이다. 다시 말하면, 이미 저 세상 사람이 된 경우가 적지 않았던 것이다.

콜레라가 코펜하겐 시를 덮쳐 무려 5천 명의 희생자를 낸 1853년. 그해에 안데르센의 책 대부분을 출간한 레이첼 출판사의 소유주 카를 레이첼이 사망하였으며, 친밀하게 지내던 작센 바이마르 아이제나흐의 카를 프리드리히*Karl Friedrich 1783~1853* 대공도 같은 해에 세상을 떠났다.

그리고 1859년에는 동화책의 삽화 대부분을 맡아 그렸던 빌헬름 페데르센*Vilhelm Pedersen, 1820~1859*이 불과 39살이라는 나이에 세상을 등졌다. 안데르센이 직접 발굴한 화가였는데, 그는 페데르센의 섬세하고 부

드러운 터치에 늘 감탄했다고 한다.

더구나 1861년에는 '아버지'라 부를 정도로 정신적, 물질적으로 의지했던 '평생의 은인' 요나스 콜린이 사망해 큰 충격을 받았다. 1862년에는 곤경에 처할 때마다 찾아가 마음 속 깊은 대화를 나누었던 소설가 잉게만 역시 세상을 떠났다.

그리고 정신적으로 후원자 역할을 마다하지 않았던 욀렌슐레게르와 외르스테드는 이미 오래 전인 1850년과 1851년에 생애를 마치고 말았다. 그밖에 코펜하겐에 처음 왔을 때부터 안데르센을 돌봐주었던 레세 부인을 비롯해서, 코펜하겐에 정착하면서 친분을 쌓은 정치인 올라레만과 친구 카스페르 요하네스 보위에 등도 안데르센의 곁을 떠나 삶을 마치고 말았던 것이다.

안데르센이 65번째의 생일잔치를 쓸쓸하게 치른 지 몇 달 후였다. 소설가 찰스 디킨스가 1870년 6월 9일 자신도 방문한 적이 있는 개즈 힐 플레이스의 저택에서 사망하였다는 놀라운 소식이 전해졌다.

안데르센은 큰 충격에서 한동안 헤어날 수 없었다. 찰스 디킨스는 그보다 무려 7살이나 나이가 어렸기 때문이다.

### 뉘하운으로 다시 돌아오다

안데르센은 1871년 10월 23일 뉘하운 18번지로 이사했다. 1834년 9월에 이사 와서 그 다음해에 〈즉흥시인〉과 동화집 세 권을 출간했던 뉘하운 20번지의 그 옛집 바로 옆이었다. 나이 66살이 되어 그가 가장 사랑하였고 오래 머물렀던 옛 거리로 다시 돌아온 것이다.

안데르센은 18번지의 집 1층 방 3개를 사용하였다. 뉘하운 20번지와 67번지 등에서는 주로 2층에 거주하였는데, 1층의 방을 사용한 것은 무릎 등 건강상의 이유 때문인 것으로 짐작된다. 예전처럼, 안데르센은 바다가 보이는 창가에 자리를 마련하고는 자주 밖을 내다보았다고 한다.

안데르센은 1872년 11월에 말년의 주요 작품인 〈치통 아줌마〉 *Aunty Toothache*와 〈늙은 요한나의 이야기〉 *What Old Johanne Told* 등이 수록된 작품집을 출간하였다. 결국 그는 나이 67세에 이르도록 창작에서 손을 떼지 않고 있었던 것이다. 그에게는 세상에 전할 이야기들이 아직 많이 남아 있었으며, 개성 넘치는 상상력과 창작력 역시 식지 않고 있었다. 다행히 많은 독자들로부터 큰 호응을 받아, 초판 5,000부가 금방 매진되었다.

〈늙은 요한나의 이야기〉는 흔히 그의 마지막 작품으로 알려져 있다. 따라서 뉘하운 20번지의 집은 그가 말년의 대표작을 마무리 지은 기념비적인 의미를 가진 장소라 할 수 있다. 흥미롭게도 안데르센은, 자신의 첫 번째 동화집을 뉘하운 20번지에서 출간하였으며, 나란히 붙은 그 옆집인 뉘하운 18번지에서 마지막 동화집을 발표하였던 것이다.

### 1875년 8월, 그 우울한 날에

안데르센은 68세이던 1873년경부터 건강이 급격히 악화되기 시작했다. 뉘하운의 집에서 멜키오르의 집까지는 불과 수백 미터의 짧은 거리인데도, 걸어가는 것을 힘들어 할 정도로 몸이 쇠약해졌다. 그리고 불면증에 시달리기도 했다.

더구나 1873년 초부터는 심한 호흡기 질환도 앓게 되었다. 치료를

**보르 프루에 교회**

안데르센의 장례식이 거행된 보르 프루에 교회. 장례식에는 덴마크 국왕인 크리스티안 9세를 비롯해서 덴마크 주요 인사 수백 명이 참석해 그의 죽음을 진심으로 애도했다.

**안데르센의 무덤**
한때 안데르센의 뜻에 따라, 에드라르 콜린, 헨리에테 콜린 부부와 나란히 아시스텐스 공동묘지에 자리잡았다.
그러나 몇 년 후 콜린 가문의 후손들이 두 유해를 콜린 가족의 묘역으로 이장해서, 지금처럼 안데르센만 남아 있다.

위해 스위스 레만 호수의 동쪽 글리온Glion에서 한 달 넘게 머물기도 했지만, 큰 효과를 거두지는 못했다. 여름이 시작될 무렵에는 병세가 더욱 심해지면서, 우울증과 복부의 통증 등 여러 가지 질환에 시달리기도 했다. 1875년에 들어서는 평생 써온 일기조차 자기 손으로 쓸 수 없을 정도로 기력을 잃고 말았다. 생명의 불꽃이 점차 희미해져갔던 것이다.

1875년 8월 4일 오전 11시 5분, 안데르센은 70세를 일기로 코펜하겐의 외곽 멜키오르의 별장에서 세상을 떠났다. 호흡기 질환 등 등 수많은 병에 시달렸으나, 잠을 자던 중에 큰 고통 없이 숨을 거두었다.

안데르센은 소설가, 극작가, 동화작가 등으로 40년 넘게 활동하였다. 풍부한 상상력과 아름다운 문장이 빛나는 168편의 동화를 비롯해서, 시, 소설, 희곡, 5권의 여행기 등 모두 200편이 넘는 작품을 남긴 것으로 알려져 있다.

'덴마크가 배출한 세계적인 동화작가' 안데르센의 장례식은, 사망 1주일 뒤인 8월 11일 코펜하겐 중심지에 있는 보르 프루에 교회에서 장중하게 거행되었다. 장례식에는 덴마크 국왕인 크리스티안 9세Christian IX, 1818~1906와 루이제 왕비Louise of Hesse-Kassel, 1817~1898 등 덴마크를 이끌어가는 주요 인사 수백 명이 조문객으로 참석해 그의 죽음을 진심으로 애도했다.

안데르센은 평생 독신으로 살았다. 이 때문에 가족이나 친척 등 가까운 피붙이는 누구도 참석치 않아 주위를 더욱 안타깝게 했다. 장례식이 숙연한 분위기 속에서 마친 뒤였다. 장례 행렬이 묘지로 향하자, 수만 명의 코펜하겐 시민들이 그 뒤를 뒤따랐다.

**덴마크 국립미술관**

덴마크 최고의 미술관이다. 1807년에 설립되었으며 덴마크는 물론 19세기의 프랑스 걸작 회화 등 유럽 여러 나라의 작품을 보관, 전시하고 있다.

### 많은 사람들의 발길 끊이지 않아

안데르센은 코펜하겐 외곽에 위치한 아시스텐스 공동묘지*Assistens Cemetery*에 묻혔다. 아시스텐스 공동묘지는 18세기 초 코펜하겐에 전염병이 돌아 시민의 3분의 1이 사망하였을 때 교외에 만든 다섯 군데 묘지 중의 하나였다. 초기에는 주로 평민, 노동자 계급이 묻혔으나 18세기 말엽부터 숲이 우거지고 조용한 곳이라는 이야기가 돌면서 예술계 인사 등 다양한 계층의 사람들도 이곳에 자리 잡게 되었다. 안데르센과 평생 사이가 좋지 않았던 실존주의 철학의 창시자 키에르케고르도 이 묘역에 묻혀 있다.

안데르센은 유서를 통해 자신의 전 재산을 후원자 요나스 콜린의 아들인 에드바르 콜린에게 상속하겠다고 밝혔다. 그가 남긴 재산에는 작품 저작권 외에도 현금 3만 릭스달러가 포함되어 있었다. 안데르센이 남긴 3만 릭스달러는, 1819년 14살 소년이 무작정 상경하기 위해 1년 가까이 노래하며 모은, 13릭스달러의 수천 배에 달하는 큰돈이었다.

평소 안데르센은, 자신이 죽은 뒤에 에드바르 콜린 부부와 나란히 묻히고 싶다는 희망을 피력하곤 했다. 이에 따라 묘지 자리 세 개가 나란히 자리 잡은 묘역이 조성되었으며, 안데르센은 그 중의 한 묘지에 묻혔다. 나머지 2개는 에드바르 콜린과 그의 아내 헨리에테 콜린을 위해 조성된 것이었다.

에드바르는 1886년에 그리고 그의 아내 헨리에테 콜린은 1894년에 세상을 떠났다. 그 후 두 사람은 아시스텐스 공동묘지에 안데르센과 함께 나란히 묻혔다. 안데르센이 살았을 때 원하던 바 그대로 이루어진 셈이다.

하지만 몇 년 후, 콜린 가문의 후손들은 에드바르와 헨리에테의 유해를 콜린 가족의 묘역이 있는 프리데릭스베르 공동묘지로 이장하고 말았다. 어쩌면 당연한 일일 것이다. 그 후 안데르센은 오늘날처럼 처음 묻힌 자리에 그대로 남아 홀로 묘역을 지키고 있다.

혼자 남았지만, 안데르센은 결코 외롭지 않을 것이다. 이 '미운 오리 새끼'의 무덤은 오늘날에도 수많은 사람들이 찾아와, 어린 시절을 회상하며 감사의 뜻을 전하는, 모든 이의 순례지가 되었기 때문이다.

안데르센은 1805년 4월 2일에 오덴세에서 태어나 1875년 8월 4일 코펜하겐 근교에서 세상을 떠났다. 그가 생존했던 70년 동안 모두 5명의 왕이 덴마크 왕위에 올랐다가 사라졌다.

안데르센은 크리스티안 7세_Christian VII_, 재위 1766~1808가 절대군주로서 군림하던 1805년에 태어났다. 그리고 프레데릭 6세_Frederick VI_, 재위 1808~1839가 왕위에 있던 시기에 코펜하겐에 무작정 상경하여 청소년 시기를 보냈으며, 1835년 30살의 나이에 동화작가로서 활동하기 시작했다. 그후 크리스티안 8세_Christian VIII_, 재위 1839~1848 때에 〈인어 공주〉, 〈미운 오리 새끼〉, 〈성냥팔이 소녀〉 등의 대표작을 발표하면서 세계적인 동화작가로 인정받아 활동하였고, 입헌군주제로 전환된 프레데릭 7세_Frederick VII_, 재위 1848~1863 때에 이르러, 외국의 국왕 등과 교류하면서 국제적인 명성을 누렸다. 그리고 크리스티안 9세_Christian IX_, 재위 1863~1906 때인 1875년에 70살의 나이로 외롭고 힘든 생애를 마감하였다.

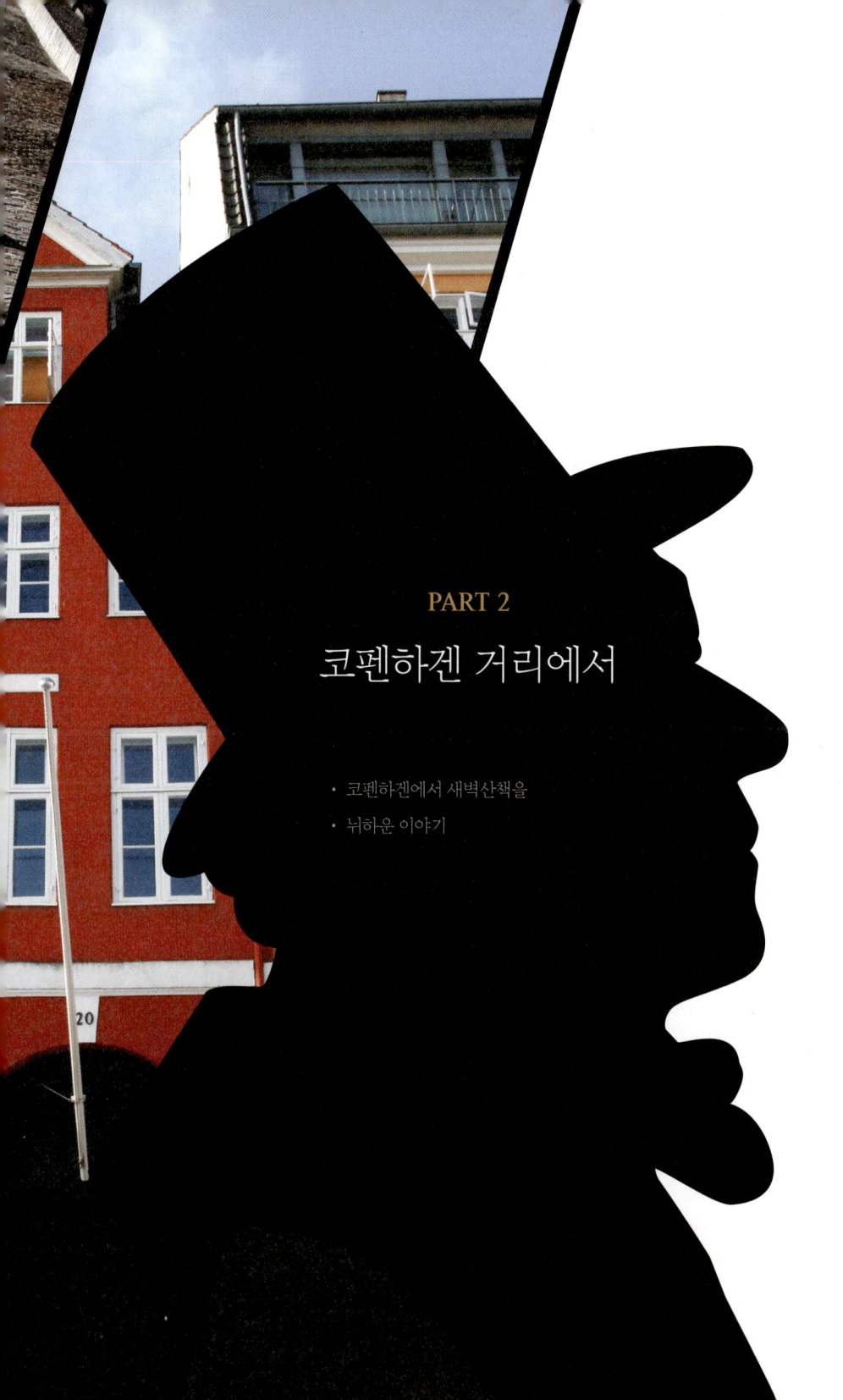

## PART 2
# 코펜하겐 거리에서

- 코펜하겐에서 새벽산책을
- 뉘하운 이야기

# 코펜하겐에서 새벽산책을

숙소 정문을 나와 아델가데 거리로 내려섰다. 새벽 거리는 텅 비어 있었다. 거리 끝까지 둘러보아도 아무런 움직임이 없었다.

5월 코펜하겐의 해 뜨는 시각은 4시 40분경. 일출시간이 1시간이나 지났는데도 작은 소리조차 들려오지 않았다. 게다가 하늘에는 진회색 구름이 드문드문 떠있어서, 만일 지금의 상황을 유화(油畫)로 표현한다면, 화면 가득히 생기 없는 무채색 거리와 그 거리 한쪽에 어정쩡하게 서있는 한 남자의 모습을 화폭에 담았을 것이다

서늘한 기운이 목덜미를 스치고 지나갔다. 여행용 패딩의 지퍼를 목까지 바짝 올린 뒤, 매일 새벽 즐겨 걷는 코스를 따라 산책을 하기 위해 거리로 나섰다

### 카위 피스케르의 '여왕의 정원'

거리 이름 아델가데*Adelgade*는 영어로 'Nobility Street'를 뜻한다. 이

지역이 로젠보르 성과 18세기 말부터 덴마크 왕실의 궁전으로 사용되어온 아말리엔보르*Amalienborg* 궁전의 사이에 위치하고 있어서, 예전부터 귀족이나 고급 관료들이 주변에 많이 살아서 그 같은 이름을 갖게 된 게 아닌가 싶다. 실제로 안데르센이 활동하던 19세기 중엽의 그림을 보면, 이웃한 보르게르가데*Borgergade* 일대에는 당시 유행하던 목골(木骨) 구조의 견고한 3,4층 건물들이 거리 양옆을 가득 메우고 있었다.

사거리로 다가가자 점차 시야가 트였다. 주차장 뒤에는 비슷한 높이와 형태를 한 건물 몇 동이 주차장을 포함한 사거리 일대를 둘러싸고 있었다. 코펜하겐 시내에서는 좀처럼 보기 힘든 현대식 고급 아파트들이다. 외장을 붉은 벽돌로 마감한 직육면체의 건물인데, 독특하게 맨 위층의 지붕은 맞배지붕과 같은 형태를 하고 있어서 눈길을 끌고 있다.

이 아파트 단지의 이름은 드로닝게고덴*Dronningegården*. '여왕의 정원(庭園)'이라는 뜻이다. 덴마크의 기능주의 건축가 카위 피스케르*Kay Fisker, 1893~1965* 등이 설계하였는데, 그는 1930년대 덴마크 최고의 건축가로서, 왕립 미술아카데미에서 그 유명한 건축가이자 산업 디자이너인 핀 율*Finn Juhl, 1912~1989*에게 건축학을 가르치기도 했다. 이 아파트 단지는 덴마크 건축사에서 전통주의에서 모더니즘으로 이행 과정에서 노르딕 기능주의를 추구한 대표적인 사례라 평가되고 있다.

놀라운 사실은, 이 아파트 단지가 무려 60여 년 전에 세워졌다는 점이다. 그동안 이 앞을 수십 차례나 지났으면서도 오래 된 건물이라는 생각을 한 번도 해본 적이 없었는데, 1943년에 짓기 시작해 1958년에 완성되었다고 하니 그저 놀라울 뿐이었다. 그처럼 아파트 외관이 오늘날에도 현대적인 감각을 잃지 않고 있었던 것이다.

## 북유럽에서 이슬람을 만나다

'여왕의 교차로'라는 뜻을 가진 드로닝겐스 트베르가데*Dronningens Tværgade*에 이르렀다. 왼쪽 길 끝에, 로젠보르 성의 정원인 콩겐스 하베*Kongens Have*의 동쪽 출입문이 푸른 녹음에 쌓여 있었다.

콩겐스 하베는 코펜하겐 시민이 가장 사랑하는 정원이라 할 수 있다. 규모는 큰 편이 아니지만, 아늑하고 짜임새가 있는 덴마크 특유의 정원 특징이 잘 나타나 있다. 게다가 시내 한가운데에 자리 잡고 있어서 오며가며 편하게 들릴 수 있는 곳이기도 하다.

동쪽 출입문은 신고전주의 양식의 건물들이 길게 늘어선 '왕세자비 거리'라는 뜻을 가진 거리에 자리 잡고 있다. 그리고 이곳 30번지에는 그 유명한 개인 박물관인 다비드 컬렉션*David Collection*이 위치하고 있다. 변호사 겸 미술애호가였던 크리스티안 루드비 다비드*Christian Ludvig David*가 1917년에 설립한 미술관으로, 이곳에는 19세기 덴마크 황금기의 미술품과 가구 등 다양하면서도 방대한 예술품이 소장되어 있다.

특히 이 박물관은 북유럽에서 가장 많은 이슬람의 예술품을 전시하고 있는 것으로 유명하다. 북유럽 특유의 우수(憂愁)에 찬 도시에서, 태양처럼 강렬한 색채와 기하학적인 무늬를 가진 이슬람의 화려한 문화예술품을 만나는 일은, 참으로 별다른 느낌을 갖게 한다.

**아파트 '여왕의 정원(庭園)'**
20세기 덴마크를 대표하는 건축가 카위 피스케르가 설계한 아파트이다. 놀랍게도 1950년대에 지어진 건물이라 믿들 힘들 만큼 현대적인 감각을 유지하고 있다.

### 젊음의 거리, 고테르스가데

내가 묵고 있는 숙소는, 코펜하겐에서 가장 큰 광장인 콩겐스 뉘토르와 이어진 고테르스가데_Gothersgade_에서 멀지 않다. 이 거리는 좁은 도로를 따라 양옆으로 크고작은 술집과 카페들이 길게 늘어서 있어 젊은 이들이 많이 찾는 곳이다. 하지만 주말이 되면 젊은 취객들이 새벽녘까지 함부로 내지르는 고성과 노래 소리들로 적지 않은 불편을 겪곤 한다. 그리고 술기운을 이기지 못해 휘청거리는 걸음으로 걷거나, 고개를 사타구니 사이에 떨군 채 쭈그리고 앉아있는 모습도 어렵지 않게 발견할 수 있다.

이 때문에 지금 묵고 있는 호스텔은 숙소로서 좋은 곳이라 할 수 없었다. 숙박료도 그다지 저렴한 편이 아니었다. 그럼에도 코펜하겐에 올 때마다 며칠만이라도 이 숙소에 짐을 풀어놓은 이유는 무엇일까.

### 새벽산책, 비로소 여행답게 만드는 시간

외국여행을 할 때, 나는 매일 이른 시각에 1시간가량 숙소 주위를 산책한다. 대체로 6시경에 새벽의 거리로 나서곤 하는데, 이 때문에 주위에 산책할만한 좋은 장소가 있는지 그 여부에 따라 숙소가 결정되는 경우가 많다.

런던의 경우, 지난 10여 년 동안 고집스럽게 복스홀_Vauxhall_ 주변에 호텔을 정했다. 이곳에서는 템스 강 강변을 따라 런던아이가 있는 웨스트민스터 다리까지 왕복 4킬로미터 정도의 산책이 가능하기 때문이다. 파리는 센 강, 도쿄는 우에노 공원 근처에 숙소를 잡았으며, 프랑크푸르트의 경우 피어오르는 새벽안개 속을 걷기 위해 마인 강 근처에 호텔을 정하곤 했다.

　여행지에서의 새벽산책은 정말 우연한 기회에 시작되었다. 유럽을 처음 방문해 파리에 머물 때였다. 여러 사람이 함께 사용하는 호스텔에 머물렀는데, 시차 적응이 되지 않아 두세 시면 눈이 떠져서 한동안 곤혹을 치른 적이 있었다. 아침이 될 때까지 두 눈을 뜬 채로 죽은 듯이 침대에 가만히 누워있어야 했던 것이다.

　결국 나는 이른 새벽에 거리로 나서게 되었다. 역 대합실과 병원, 공원, 교회 등지를 배회하게 되면서, 점차 낯선 도시의 새벽 거리를 혼자 걷는 나만의 버릇이 만들어졌던 것이다.

　처음 와보는 도시의 새벽 거리를 걷다 보니 점차 어떤 묘미가 느껴졌다. 무엇보다 낮에는 보고 느낄 수 없는, 요란하게 화장하지 않은 도시의 진면목(眞面目)과 마주할 수 있다는 사실이다. 다시 말하면 여행 안내서에서는 만날 수 없는, 도시의 진솔하고 정직한 모습을 자연스럽게 만날 수 있었던 것이다. 이 때문에 나는 새벽산책이야말로, 여행을 비로소 여행답게 만드는 것이라 믿고 있으며, 지금도 충실히 지키고 있다.

　그래서 요즘은 숙소를 잡게 되면, 지도부터 먼저 펼친다. 그리고 그 숙소를 중심으로 마치 피자 조각 나누듯이 5등분, 6등분 한 뒤, 매일 새벽마다 산책에 나서곤 하는 것이다.

　원래 지금의 숙소에 묵게 된 이유는, 멀지 않은 로젠보르 성의 정원인 콩겐스 하베를 이른 새벽마다 산책할 수 있겠다는 기대감 때문이었다. 이른 아침 녹음 우거진 숲과 넓게 펼쳐진 풀밭 사이를 거닐며 조용히 사색을 즐기는 나 자신을 상상했던 것이다. 하지만 안타깝게도 이곳의 개방 시간은 오전 7시. 할 수 없이 새로운 코스를 찾게 되었고,

**보센보르 궁전**
17세기 초에 지어진 궁전으로 코펜하겐 중심부에 위치하고 있다.
규모는 작지만 숲과 정원이 잘 꾸며져 있어 시민들로부터 많은 사랑을 받고 있다.

결국 지금처럼 코펜하겐의 동북쪽 카스텔레 요새와 인어 공주 동상이 있는 랑겔리니 공원 주변을, 새벽 산책코스로 정하게 된 것이다.

### 코펜하겐 북부의 번화가, 스토레 콩겐스가데

길은 버스가 지나다니는 왕복 6차선의 보르게르가데로 이어졌다. 덴마크어 'Gade'는 영어로 'Street'를 의미한다.

다시 교차로에 이르러 왼쪽으로 꺾어지면 스토레 콩겐스가데 Store Kongensgade 로 들어서게 된다. 나의 산책은 이 지점부터 본격적으로 시작된다고 할 수 있다.

스토레 콩겐스가데는 방금 지나온 거리와는 사뭇 다른 분위기를 하고 있다. 보르게르가데가 젊고 패기에 찬 신흥도시의 느낌이라면, 이 거리는 한결 중후하고 연륜이 느껴지는 화려한 분위기를 갖고 있다 하겠다. 거리 이름 스토레 콩겐스가데를 영어로 표현하면 'Great King's Street'이다.

사실 스토레 콩겐스가데는, 코펜하겐 북부 지역의 중심 거리이면서 최대 번화가라 할 수 있다. 고급 의상실을 비롯해서 갤러리와 골동품점, 인테리어 전문점 그리고 소문난 레스토랑과 카페 등이 거리 양쪽을 가득 메워 언제나 많은 사람들로 넘쳐나는 곳이다. 이 거리는 도시 규모가 크지 않은 코펜하겐에서는 드물게도, 덴마크 왕립극장이 있는 콩겐스 뉘토르에서 덴마크가 배출한 음악가 카를 닐센 Carl August Nielsen, 1865~1931 의 동상이 서있는 외스터 볼드가데 Øster Voldgade 까지 1킬로미터나 길게 뻗어 있다. 코펜하겐을 대표하는 스트뢰에 거리는 이보다 다소 긴 1.1킬로미터 정도이다.

**자전거의 왕국 덴마크**
코펜하겐 중앙역은 많은 사람이 왕래하는 곳이라, 자전거 거치대도 2층의 대형이다.

낯익은 진회색 벽의 반(半) 지하 점포 앞에 섰다. 아무 의미 없이 주위를 한번 둘러본 뒤, 코끝이 유리창에 닿을 정도로 쇼 윈도우에 바짝 다가갔다. 그리고는 창문 너머로 아직 엷은 어둠에 쌓여있는 안을 들여다보았다.

반 지하 내부는 깊은 바다 속처럼 가라앉아 있었다. 어둠이 눈에 익숙해지자 잘 정리된 내부가 점차 모습을 드러냈는데, 천정에는 그레이하운드와 같은 경주견(競走犬)을 연상케 하는 날렵하면서도 견고한 느낌을 주는 자전거의 메인 프레임을 비롯해서 핸들 바, 안장, 페달, 체인

링, 타이어 등과 같은 주요 부품이 적절한 간격을 두고 여기저기에 걸려 있었다. 그리고 오른쪽 벽 4단 책장 안에는 각종 부품이 든 종이상자들이 각을 맞추어 진열되어 있다. 잘 꾸며진 매장(賣場)의 모습이었다.

안을 들여다보고 있는 자전거 상회는 덴마크에서 꽤 이름난 곳이다. 얼마 전 우연히 외국잡지에서, 이 회사의 제품이 2015년 세계 최대 규모인 북미 핸드메이드 바이시클 쇼 NAHBS(North American Handmade Bicycle Show)에서, 그해 최고의 자전거로 선정되었다는 기사를 읽고는 깜짝 놀란 적이 있었다. 새벽 산책 중에 무심히 안을 들여다보곤 하던 자전거 상점에서 세계 최고 수준의 자전거가 제작되고 있었다니…… 아무 생각 없이 매일 아침 빵을 사다먹는 동네의 그 허름한 빵집이 전국에서 제일 맛있는 빵집으로 선정되었다는 이야기를 들을 때와 같은, 그 헤아리기 힘든 묘한 기분과 크게 다르지 않을 것이다.

### 파리의 반도네온 '부상병동'

10여 년 전 파리에서 있었던 일이었다. 당시 나는 파리 14구의 숙소에 머물고 있어서 매일 새벽마다 당페르 로슈로*Denfert-Rochereau* 지하철역 주변을 산책했다.

그러던 어느 날, 후미진 골목 어귀에서 눈길을 끄는 악기점 하나를 발견하였다. 낡은 간판에 아코디언 그림이 그려져 있었고, 빛바랜 종이가 덕지덕지 붙여진 쇼 윈도우 너머로 낡은 아코디언과 반도네온 수백 대가 마구 쌓여 있었다. 그러니까 그 악기점은 수리와 보수 등이

코펜하겐 시내 안드레뷔에서는 수백년된 건물을 쉽게 만날 수 있다.

필요한, 아코디언과 반도네온의 일종의 부상병동(負傷病棟)인 셈이었다.

아코디언과 반도네온 등은 주름상자를 양손으로 신축시켜 리드로 소리를 나게 한 기명악기(氣鳴樂器)이다. 특히 반도네온은 탱고 연주에 있어 가장 중요한 위치를 차지하고 있는 악기로, '아코디언보다 더 치명적인 악기'라 할 수 있다. 형태는 비슷하지만, 비교할 수 없을 만큼 반도네온의 표현력이 상대적으로 더 깊고 크기 때문이다. 그리고 반도네온의 키가, 아코디언에 비해 불규칙적으로 배치되어 있어서 연습할 때 많은 노력을 필요로 한다고 한다. 거장 아스토르 피아졸라는 이를 가리켜 '악마의 악기'라 칭하기도 했다.

당시까지 나는 반도네온을 가까이에서 직접 본 적이 없었다. 때문에 당시 나는 그 다양한 크기와 형태의 반도네온들에게 그만 정신을 빼앗겨, 한동안 매일 아침마다 그 부상병동 안을 들여다보기에 여념이 없었다. 그 후 나는 이른 새벽에 남의 상점 안을 기웃거리는 '오해받기 쉬운' 취미생활을 은근히 즐기고 있다.

### '오픈 샌드위치', 스뫼레브뢰

오고가는 차량이 없는 텅 빈 왕복 4차선의 도로를 건너자 레스토랑이 나타났다. 입구 한쪽에 요리사 모자 셰프 해트 *Chef Hats*가 그려진 작은 간판을 내걸고 있었다.

스토레 콩겐스가데에는 유명한 레스토랑이나 카페 등이 많다. 방금 지나온 70번지의 식당은 19세기 말에 문을 연, 코펜하겐에서 오래된 오픈 샌드위치 전문점 중의 하나이다.

널리 알려진 것처럼, 덴마크 식의 '오픈 샌드위치'를 스뫼레브뢰$_{Sm}$ $_{ørrebrød}$라고 한다. 일반적으로 버터를 바른 호밀 빵 위에 절인 청어를 비롯해서 새우, 튀긴 생선, 얇게 저민 고기, 계란, 야채 등의 다양한 식재료를 오픈 샌드위치 형태로 올린 것을 말하는데, 요즘 들어 건강식으로 크게 각광을 받고 있다.

이 스뫼레브뢰는 17세기 초 덴마크 농부들에 의해 먹기 시작하였다. 그 후 19세기에 산업화의 영향으로 공장 노동자들의 점심 도시락 메뉴로 정착되었으며, 최근에는 거칠고 검은 호밀 빵이 섬유소가 풍부한 웰빙 식재료로 인정받으면서, 전 세계인이 관심을 갖는 건강식으로 새롭게 자리잡기 시작한 것이다.

### 한스 에게데와 '덴마크령(領) 자치정부' 그린란드

레스토랑을 지나자 오른쪽으로 거대한 프레데릭 교회$_{Frederiks\ Kirke}$가 모습을 드러냈다. 코펜하겐을 대표하는 건축물 중의 하나인 이 교회는 지름이 31m에 이르는 거대한 돔으로 유명하다. 로마의 산피에트로 대성당에서 영감을 얻어 지었다고 하는데. 스칸디나비아 반도에서는 가장 큰 교회 돔으로 알려져 있다.

흔히 '대리석 교회'라는 별칭으로 유명한 이 프레데릭 교회는 1740년에 설계되었으며, 1749년부터 건축이 시작되었다. 그 후 재정적인 문제로 중단되는 등의 우여곡절을 겪은 끝에 1894년에서야 완공에 이르렀다. 건물을 짓는 데에만 무려 150년 가까이 걸린 셈이다.

교회의 본당 건물 주위에는 14개의 동상이 원을 이루며 세워져 있다. 유명한 사회운동가인 그룬트비를 비롯해서 철학자 키에르케고르,

**아말리엔보르 궁전의 기념촬영**
아말리엔보르 궁전의 프레드릭 5세의 기마상 앞에서, 한 가족으로 짐작되는 사람들이 즐겁게 사진촬영을 하고 있다.

소설가 잉게만 등의 동상인데, 이들은 덴마크가 배출한 저명한 신학자나 학자, 문인들이다. 이들 중 많은 사람이 동화작가 안데르센과 비슷한 시기에 활동하기도 했다.

흥미로운 사실은, 이곳에 키에르케고르의 동상이 세워져 있는 반면에 안데르센의 동상은 건립되어 있지 않았다는 점이다. 안데르센은 평소 덴마크 국교회에 충실하였으며 작품을 통해서도 기독교 정신을 꾸준히 알리려고 노력했다. 하지만 키에르케고르는 당시 덴마크 교회가 그의 장례식을 거부할 정도로 심각한 갈등을 빚었던 인물이었다. 이 같은 키에르케고르의 동상이 유명 신학자들과 자리를 같이 하며 이 교회 안에 자리 잡고 있다는 사실에서, 세상사의 아이러니를 다시금 느끼게 되기도 한다.

14개의 동상 중에서 호기심을 자극하는 인물은 단연 한스 에게데 $_{Hans\ Egede,\ 1686~1758}$이다. 선교사였던 그는, 1700년대 초 노르웨이에 전도하러 갔다가 그린란드 바이킹에 관한 이야기를 듣게 되었고, 그 후 직접 건너가 그린란드를 개척하고 기독교 신앙을 전파하는 데에 크게 기여하였다. 이 때문에 '덴마크령(領) 자치정부' 그린란드의 수도 누크$_{Nuuk}$에는 그의 이름을 딴 교회와 동상이 세워져 있다.

에게데는 그린란드 지도를 최초로 제작한 인물이기도 하다. 덴마크 왕립도서관에는 덴마크를 대표하는 국보급 문화재들이 다수 보관되어 있다. 〈한스 크리스티안 안데르센의 원고 및 서신〉, 〈쇠렌 키르케고르의 원고 및 개인 기록물〉과 함께 〈극지방의 지도〉 석 점이 바로 그것인데, 선교사 한스 에게데가 그린 최초의 그린란드 지도가 소장된 석 점의 지도 중에 포함되어 있는 것이다.

프레데릭 교회 정문쪽 거리 이름은 브레드가데_Bredgade_. 영어로 적으면 'Broad Street'로, 넓은 길이라는 뜻이겠다. 이곳에서는 덴마크 왕실이 거주하고 있는 아말리엔보르 궁전이 한결 가깝게 보인다.

다시 사거리에 다다랐다. 길을 건넌 뒤 방향을 왼쪽으로 잡아 걸음을 계속한다. 브레드가데 68번지는 많은 사람들이 찾아오는 그 유명한 덴마크 디자인 박물관_Designmuseum Denmark_이다. 원래 이 건물에는 덴마크 최초의 근대적인 병원인 왕립 프레데릭 병원_Frederiks Hospital_이 들어 있었다. 이 병원은 당시에 드물게 무료 치료를 목적으로 하고 있었으며, 1757년 3월 31일 프레데릭 5세의 생일 때에 문을 열어 20세기 초인 1910년까지 운영하였다고 한다.

덴마크 디자인 박물관이 이곳에 자리 잡은 것은 1926년이다. 덴마크의 디자인 역사를 지켜온 이곳에는, 디자인계의 거장인 아르네 야콥센_Arne Jacobsen, 1902~1971_을 비롯해서 코레 클린트_Kaare Klint, 1888~1954_, 야콥 옌센_Jacob Jensen, 1926~2015_ 등 덴마크가 배출한 유명 디자이너들의 작품과 자료들이 전시되어있다.

**덴마크 디자인 박물관과 키에르케고르**

디자인 박물관과 안뜰을 같이 사용하고 있는 브레드가데 70번지의 건물 벽면에는 낯익은 이름이 적힌 기념 명판(名板)이 있다. 실존주의 철학자 키에르케고르가 1855년 11월 11일 바로 이 병원에서 사망하였다는 내용이다. 당시 그의 나이 42세에 지나지 않았다.

이어진 브레드가데 76번지의 건물은, 동화작가 안데르센과 친분이 두터운 불프 대령의 집이었다. 안데르센은 1년 3개월에 걸친 긴 유럽여

**브레드가데 70번지 건물 벽면**
실존주의 철학자 키에르케고르가
1855년 11월 11일 이 건물에서
사망하였다는 내용이다.
당시 그의 나이 42세에 지나지 않았다.

행을 마치고 1834년 8월초에 귀국하였으며, 9월에 뉘하운 20번지로 이사하였다. 이사하기 전까지 한 달 정도 머물렀던 곳이 바로 이곳이었던 것이다. 불프 Peter Frederik Wulff, 1774~1842 대령은 당시 덴마크 해군의 고위 관료였으며, 당대 제일의 셰익스피어 작품의 번역가이기도 했다.

브레드가데 거리가 끝나자 앞의 시야가 넓게 트였다. 방금 걸어온 거리와 에스프라나덴 Esplanaden 거리가 만나 사거리를 이루면서 주변에 꽤 너른 공간을 만들고 있는 것이다. 에스프라나덴을 영어로 표기하면 에스플러네이드 Esplanade. 에스플러네이드는 일반적으로 산책길이라는 의미로 사용되지만, 원래는 성채와 시가지 사이의 평탄한 빈터를 뜻하고 있다. 따라서 이곳은 본래의 개념에 가장 충실하고 적확하게 이름 지어진 지명이라 할 수 있겠다.

사거리 일대는 17세기에 지어진 그 유명한 카스텔레 요새의 남쪽 입구이기도 하다. 사거리를 건너자, 새벽안개가 피어오르는 폭 넓고 수심 깊은 수로(水路)가 나타나고, 그 뒤에는 짙은 녹음에 쌓인 숲이 마치 성벽처럼 주위를 둘러싸고 있다. 수로를 왼쪽으로 끼고 계속 걷자, 점차 녹색으로 물든 공간으로 빨려 들어가는 느낌이다.

이 일대부터는 산책 나온 코펜하겐 시민들과 가끔 마주치게 된다. 운동복을 단단히 차려입은 젊은 여성이나 애완견과 함께 걷는 모습을 심심치 않게 만날 수 있다. 이 공원에서는 그레이트 덴과 같은 털이 짧고 귀가 큰 대형견의 모습도 눈에 띄는 편이다. 하긴 '그레이트 덴' Great Dane 이라는 말 자체가 '커다란 덴마크의 개'라는 뜻이기도 하다.

유럽의 다른 도시에 비해 이 코펜하겐에서는, 산책 도중에 시선이 마주쳐도 엷은 미소나 눈인사를 보내오는 경우는 많지 않다. 대부분 무

**카스텔레 요새의 추모상**

제2차 세계대전 때에 참전했다가 사망한 덴마크 군인과 연합군을 추모하기 위해 세운 기념물이다.
영국식 토미 헬멧을 착용한 군인이 머리를 다소곳이 숙인 채, 영국 성공회 교회인
세인트 알반 교회를 마주하고 있다.

관심한 듯 굳은 표정으로 스쳐 지나가기 일쑤이다. 책에서 읽은 우스갯소리인데, 덴마크 남자들은 러시아 남자 다음으로 말이 없고 무뚝뚝하다고 하는데, 그래서일까?

### 별 모양의 요새, 카스텔레

카스텔레*Kastellet* 요새는, 코펜하겐의 기초를 세운 크리스티안 4세의 명령으로 만들어졌다. 1626년경 코펜하겐의 북쪽 지역을 방어하기 위해 보루(堡壘)를 세우면서 건설되기 시작하였으며, 1989년부터 10여 년 동안 허물어진 성곽을 새로 구축하는 등의 대대적인 보수 작업을 벌여 오늘날의 모습으로 전해지고 있는 것이다. 흔히 성채(城砦)를 의미하는 시타델*Citadel*은, 왕궁을 호위하고 시가(市街)를 방어하기 위한 목적으로 건설된 시설물을 말한다.

하늘에서 볼 때, 카스텔레 요새는 별 모양의 오각형 형태를 하고 있다. 높은 둔덕을 쌓고 그 사이에 깊고 넓은 물웅덩이를 곳곳에 만들어, 적이 쉽게 침입하지 못하도록 하였다. 그리고 요새 안에는 병영(兵營)과 창고, 교회 그리고 풍차 등의 각종 시설물을 만들어 장기전에 대비한 점도 눈에 띤다. 카스텔레는 북유럽에서 보존이 잘 된 요새 중의 하나이며, 오각형을 이루는 5개의 꼭지점은 각각 왕, 여왕 등의 칭호가 들어간 이름을 갖고 있다.

이처럼 자연적인 지형의 이점을 최대한 활용해 요새를 만드는 것이, 덴마크의 전통적인 요새 구축의 방법인 듯하다. 코펜하겐 북쪽의 샬로텐룬 요새*Charlottenlund Fort* 역시 거의 비슷한 형태를 하고 있으며, 헬싱괴르*Helsingør*의 크론보르 성*Kronborg Slot* 또한, 돌로 높은 성벽을 쌓기보다는 제방을 높이고 수심 깊은 수로를 연결해 성을 구축하고 있다.

한편 이 요새는 18세기 말 정치적 물의를 일으켰던 독일계 의사 요한 프리드리히 슈트루엔제_Johann Friedrich Struensee_가 한때 구금되었던 곳이기도 하다. 그는 정신분열증을 앓고 있던 크리스티안 7세_Christian VII of Denmark_의 주치의로서, 장관까지 역임하는 막강한 권력을 잡고 있었다. 하지만 왕비 캐롤라인 마틸다와의 부적절한 관계가 발각되면서 1772년 1월에 체포되어 4월에 사형당할 때까지 이곳에 잡혀 있었다. 한편 뛰어난 외모와 지성을 갖고 있던 그에 대한 평가는 다양해서, 덴마크의 사법 체계를 현대화하는 등 많은 공적을 쌓았다는 의견과 함께, 외국인에 대한 덴마크 귀족과 관료들의 정치적인 모략에 말려 희생당했다는 시각까지 있다.

### 영국과 관련된 기념물 많아

길은 나무다리 앞에 이른다. 나뭇결이 거칠게 드러나 있는 다리를 건너면 작은 공터가 나타나는데, 이 지점에서는 주변이 한눈에 들어온다. 정면에는 요새의 남쪽 출입문으로 향하는 두 번째 목조다리가 있고, 그 왼쪽에는 영국 군복을 입은 동상이 그리고 오른쪽에는 높은 첨탑을 가진 단정한 느낌의 진회색 교회 건물이 서있다.

왼쪽 동상의 명칭은 보레 팔네_Vore Faldne_. '추모'(追慕)를 뜻하며 제2차 세계대전 당시에 참전했다가 유명을 달리한 덴마크 군인과 연합군을 추모하기 위해 세운 기념물이다. 6미터 높이의 이 청동 동상은 조각가 스벤 린하트_Svend Lindhart 1898~1989_의 작품이며, 1957년에 세울 당시에 전국적으로 기부금을 모아 건립하였다고 한다. 특이하게 이 동상은 영국 육군의 전투복과 영국식 토미 헬멧British Tommy Helmet을 착용하고 있다. 그리고 추모하는 자세로 머리를 다소곳이 숙인 채, 맞은편에 보이는 영국 성공회 교회인 세인트 알반 교회를 마주보고 있다.

대체로 이곳에 이르면 한동안 맨손 체조를 한다. 가볍게 몸을 푼 뒤, 두 번째 나무다리 앞으로 다가선다. 다리 중간에는 개폐(開閉)가 가능한 붉은 색의 나무 중문이 있고 그리고 다리 끝에는 요새로 들어가는 성문(城門) 로열 게이트가 버티고 서있다. 이 지점에 이르면 나는 언제나 시계를 들여다보는 버릇이 있다.

코펜하겐에서 처음 산책을 시작한 날이었다. 평소보다 일찍 산책에 나섰는데, 앞에 보이는 두 번째 나무다리로 막 들어섰을 때였다. 방금 전까지 아무도 보이지 않던 로열 게이트 주변에, 키 크고 우람한 체격의 위병 하나가 몇 걸음 앞으로 나서며 내게 옆모습을 드러냈다.

아마 다리 위를 걷는 내 발자국 소리를 들은 모양이었다. 한데 위병이 뿜어내는 분위기가 더 이상 다가오지 말라는 식의 느낌을 주었다. 그래서 나는 왼손을 높이 든 뒤에 시계를 차고 있는 손목을 오른손으로 두어 번 두드렸다. 그러자 위병이 고개를 크게 끄덕였다.

나중에 안 사실이지만, 카스텔레 요새는 군부대가 주둔하고 있는 군 시설이었다. 때문에 개방시간이 엄격하게 지켜지고 있는데, 당시에는 그보다 이른 시각이었던 것이다. 요즘도 성내 출입이 엄격히 통제되고 있어서, 일반인은 오전 6시부터 오후 10시까지 출입이 가능하다.

### 셸란 섬을 만든 여신 게피온

동상 옆으로 난 숲길을 버리고, 오른쪽 길을 따라 걷기 시작했다.

**게피온 분수대**

북유럽 신화에 나오는 여신 게피온이 거칠고 힘센 황소 4마리를 채찍질하며 쟁기질하는 역동적인 모습이 조각되어 있다. 사진 왼쪽의 건물은 1889년에 완공된 덴마크에서 보기 드문 영국 성공회 교회이다.

**카스텔레 요새**
코펜하겐 북쪽에 위치한 이 요새는 둑을 쌓고 그 사이에 수로를 만드는 식의 덴마크의 전형적인 요새 형태를 하고 있다.

오늘의 산책로로 인어 공주의 동상이 있는 바닷가와 랑게리니 공원 일대를 택한 것이다.

　나무 사이로 검은 물체 하나가 다소 비딱하게 세워진 게 보였다. 이곳 공원 이름의 주인인 영국의 정치가 윈스톤 처칠 *Winston Churchill, 1874~1965*의 동상이다. 처칠은 원래 몸이 한쪽으로 기운 듯, 런던의 팔리아멘트 스퀘어에 있는 그의 동상 역시 지팡이를 짚은 오른쪽으로 구부정하게 기운 자세로 빅벤을 향하고 서있다. 대부분의 나라가 그렇듯, 덴마크 역시 국경을 맞대고 있는 독일보다는 바다 건너 떨어져있는 영국과 오래전부터 우호적인 관계를 유지해왔다고 할 수 있다.

　이곳에서는 첨탑을 가진 교회 건물이 한눈에 들어왔다. 덴마크에서 보기 드문 영국 성공회의 교회이다. 1889년에 완공되었으며, 4세기에 순교한 영국 최초의 순교자 이름을 따서 세인트 알반*St. Alban's Church* 교회라 이름 지었다. 1백 수십 년이 된 19세기 건물인데도, 볼 때마다 감탄할 정도로 단아하고 깔끔한 느낌을 주고 있다. 이른 아침의 햇살을 받고 있을 때면 더더욱 그 같은 느낌에 빠져든다.

　길은 세인트 알반 교회를 왼쪽으로 끼고 이어진다. 완만한 비탈길을 따라 오르면, 방금 지나온 분수대의 거대한 전모가 드러난다. 게피온 분수*Gefionspringvandet*인데, 북유럽 신화에 나오는 여신 게피온*Gafion*이 거칠고 힘센 황소 4마리를 채찍질하며 쟁기질하는 역동적인 상황이 조각되어 있다. 특히 금방이라도 뜨거운 입김을 쏟아낼 것 같은 황소들의 도발적이면서 공격적인 자세가 무척 인상적이다.

　게피온 분수대에는 덴마크 영토와 관련된 흥미로운 이야기가 얽혀 있다. 신화에 따르면, 스웨덴 왕은 게피온 여신에게 그녀가 하룻밤 사이에 경작한 땅 모두를 주겠다고 약속했다. 이에 그녀는 자신의 아들 넷을 황소로 변신시켜 부지런히 땅을 갈게 한 뒤에, 그 땅을 스웨덴과 덴마크 퓐 섬 사이의 바다에 던졌다. 이것이 오늘날의 셸란 섬 Sjælland이라고 하는데, 셸란 섬의 모양과 크기가 스웨덴 남서부에 있는 베네른 Vänern 호수와 비슷한 것은 바로 이 때문이라는 전설이 전해지고 있는 것이다. 베네른은 스칸디나비아에서 가장 큰 호수이다.

이 분수대 앞을 지나칠 때면, 안데르센의 어머니가 간혹 떠오른다. 추운 겨울, 얼음이 떠다니는 차가운 물속에 두 손을 담그고 남의 빨래를 해야 했던 그녀에게서, 여신 게피온과 같은 북유럽 여성 특유의 억척스럽고 강인한 생활력이 느껴지기 때문이다.

이 분수대는 덴마크의 조각가 안데르스 분드고르드 Anders Bundgaard 1864~1937의 작품으로 1908년에 완공되었다. 제작에 소요된 경비 대부분은 덴마크를 대표하는 맥주회사에서 부담하였으며 제작한 후에 코펜하겐에 기증했다고 한다.

### 대도시에서 만나는 바다

분수대에서 이어진 길은 아트막한 언덕 위로 올라선다. 막 솟아오른 아침 해를 마주보고 걷는 형국이 되면서, 아침 햇살이 얼굴과 가슴 위로 마구 쏟아져 내린다. 눈부신 햇살 사이로 외레순 해협의 짙푸른 바다가 눈에 들어온다. 그리고 맑고 시원한 바닷바람이 내 가슴을 마구 파고든다. 어느새 나는 푸른 바닷가 앞에 다가가 서있는 것이다. 사실 코펜하겐에 올 때마다 이 길을 산책코스로 삼은 이유도, 아마 외레순 해협의 그 푸른 물결 때문일 것이다.

거대한 도시 속에서 만나게 되는 바다는 그 얼마나 각별한 것인가. 코펜하겐은 대도시 안에서 바다를 만날 수 있고 느낄 수 있는 곳이다. 다른 도시가 갖지 못하는, 이 코펜하겐만이 누릴 수 있는 하늘이 베푼 은혜, 천혜(天惠)인 것이다.

　길은 다시 북쪽으로 이어진다. 바다를 바라보고 서있는 프레데릭 9세의 동상을 지나면, 길은 화단이 잘 꾸며진 랑겔리니 공원*Langelinie Park*

**인어 공주**
1913년에 만들어져 1세기 넘게 이 자리를 지켜오는 동안 숱한 수난을 겪었다.
수많은 사람들이 찾아와 자기만의 소중한 추억 만들기에 여념이 없다.

안으로 들어선다. 덴마크 왕자 발데마르의 아내 프린세스 마리*Prinsesse Marie 1865~1909*의 동상 주변에는 산책 나온 사람들이 편하게 쉴만한 의자들이 곳곳에 놓여 있다.

길은 계속 북쪽으로 이어져 점차 바닷가와 가까워진다. 파도가 끊임없이 다가와 손길을 내미는 바닷가에는 작은 동상이 하나 해를 등지고 있다. 코펜하겐의 상징이라 불리는, 그 유명한 인어 공주 동상이다.

1909년 안데르센 원작의 〈인어 공주〉 발레 공연을 본 칼스버그의 2대 회장 칼 야콥센*Carl Jacobsen*은 조각가 에드바르 에릭센*Edvard Eriksen, 1876~1959*에게 인어 공주의 동상 제작을 의뢰했다. 이렇게 해서 제작이 시작되었는데, 발레의 여주인공인 유명 발레리나를 인어 공주의 모델로 할 예정이었다. 하지만 반라(半裸)가 되어야 하는 어려움 때문에, 결국 조각가는 자신의 아내를 모델로 삼아 1913년에 완성하였던 것이다. 그러니까 길이 1.25미터, 무게 175킬로그램에 이르는, 이 인어 공주 동상은 무려 1백년 넘게 이 바닷가를 지켜온 셈이다.

슬픈 이야기가 담긴 이 인어 공주 동상은, 그 오랜 세월만큼이나 어차구니 없는 일을 숱하게 겪었다. 핑크색 페인트를 뒤집어쓴 것은 물론 한때 목이 베어지고 팔이 절단되는 끔찍한 일을 당하기도 했다. 그리고 조각상 전체를 폭파시키겠다는 위협에 시달리는 등 각종 수난을 겪어 왔던 것이다.

### 인어 공주 동상에 담긴 뜻은?

웃자고 하는 말이겠지만, 이른바 '유럽 3대 썰렁 명소'라는 것이 있다. 이 인어 공주 동상을 비롯해서 브뤼셀의 오줌싸개 동상과 독일 라인 강 로렐라이 언덕의 소녀상을 가리키는 표현이다. 이들 동상들이, 기대와는 달리 규모가 작고 평범해서 그다지 인상적이지 않다는 뜻을 담고 있다. 다시 말하면 이들 동상들에게 큰 실망을 하였다는 의미이다. 어떤 이들은 '허무 관광지'라 부르기도 한다.

하지만 합리적으로 생각한다면, 지금이 오히려 더 현실적이라 할 수 있다. 지금의 동상보다 두 배 또는 서너 배 규모가 크다면 그것이야말로 비정상이 아닐까. 어린 오줌싸개의 동상이 영화 속의 킹콩처럼 거대해야 할까. 인어 공주 동상이 공룡 티라노사우루스처럼 거대하고 위압적이어야 한단 말인가. 그리고 이는 누구나 익히 잘 알고 있는 사실들이다.

그럼에도 불구하고, 우리가 굳이 이들 동상에 '썰렁', '허무' 등등의 엉뚱한 표현을 즐겨 사용하는 이유가 무엇일까. 혹시 '썰렁' 또는 '허무'라는 표현 속에는, 동심으로 돌아가고 싶은 우리 마음이 담겨있었던 것은 아닐까. 우리는 그 엉뚱한 표현들을 통해 투정과 어리광 등을 부리며, 한때나마 순수했던 어린 시절의 개구쟁이로 다시 돌아가고 싶은 그 마음을 드러낸 것은 아닐까.

인어 공주 동상은 애절하면서도 애달픈, 슬픈 이야기를 담고 있다. 그럼에도 불구하고, 그 앞에 서면 우리들 마음이 언제나 차분해지면서 맑아지는 느낌을 받는 이유는 무엇일까. 동상 앞에 서있는 것만으로도 우리는 이미 동심의 세계로 들어와 있기 때문은 아닐까.

# 뉘하운 이야기

항구 뉘하운Nyhavn은 코펜하겐을 상징하는 대표적인 명소이자 랜드마크이다. 이 때문에 뉘하운을 흔히 '코펜하겐의 꽃'이라 부르기도 한다.

누구나 한번쯤은, 이 뉘하운을 찾아 길게 늘어선 파스텔 색조의 아름다운 건물들을 배경으로 야외 카페에 앉아, 굵은 체크무늬의 무릎 담요를 하고서 뜨거운 커피를 마시거나, 발트 해에서 잡아온 싱싱한 해산물로 가득한 노르딕 음식을 즐기는 자신의 모습을 상상해보았을 것이다. 그리고 이때 촬영한 사진들을 가까이 두고서 틈이 날 때마다 북유럽 특유의 정취를 되새겨보고 싶어 했을 것이다.

### '코펜하겐의 꽃' 뉘하운

더구나 이 뉘하운은 세계적인 동화작가 안데르센이 20년 가까이 거주하며 〈인어 공주〉, 〈벌거벗은 임금님〉, 〈꿋꿋한 양철 병정〉 등 걸작

**뉘하운 전경**

항구 뉘하운은 코펜하겐을 상징하는 대표적인 장소이다. 동화작가 안데르센이 20년 가까이 거주하며 〈인어 공주〉, 〈벌거벗은 임금님〉, 〈씩씩한 양철 병정〉 등의 걸작 동화들을 발표한 기념비적인 현장이기도 하다.

동화들을 발표한 기념비적인 창작의 현장이기도 하다. 이 때문에 많은 사람들이 코펜하겐의 작은 이 항구를 지나치게 환상적이고 낭만적인 곳으로 받아들이는 경우도 있다.

최근 들어 뉘하운은 큰 변화를 겪고 있다. 바다 위를 가로지르는 인데르하운스브로엔 다리가 건설되는 등 그 외연이 점차 확장되고 있는가 하면, 운하 주변에 고급 호텔 등 레저와 관련된 다양한 시설이 들어서면서 점차 현대적인 모습으로 바뀌고 있다. 이 같은 변화는 앞으로 뉘하운을 더더욱 다채롭고 풍부하게 만들 게 틀림없다.

### 17세기의 새로운 항구 뉘하운

뉘하운*Nyhavn*은 글자 그대로 '새로운 항구'라는 뜻이다. 파리의 퐁 네프*Pont Neuf*처럼 보통명사가 고유명사화한 경우인데, 수백 년 동안 사용해온 슬로츠홀멘 섬 주변의 기존 항구의 북쪽에 '새롭게 만든' 항구라는 의미이다.

뉘하운 일대는 원래 어선이 주로 드나들던 작은 포구에 지나지 않았다. 하지만 크리스티안 5세에 의해 1670년경부터 대대적으로 개발되기 시작해 화물선이 드나들 정도의 큰 규모를 갖게 되었다. 새로운 항구는 1673년까지 3년여 동안 건설되었는데, 이 때 1660년경 덴마크와 스웨덴 사이의 전쟁에서 생포된 스웨덴 포로들이 많이 동원되었다. 그리고 1683년에는 지금의 샤를로텐보르 궁전이 세워지면서, 오늘날과 같은 모습을 갖추기 시작했던 것이다.

항구 뉘하운은 외레순 해협과 코펜하겐 중심지를 연결하는 중요한 역할을 해왔다. 시내 중심지로 향하는 콩겐스 뉘토르 광장과 바로 맞닿아 있어서, 이곳에 정박된 수많은 화물선에서 쏟아낸 세계 여러 나라의 각종 물품과 수산물들이 손쉽게 도시 안까지 전달될 수 있었던 것이다. 이처럼 바다와 대도시의 중심부가 바로 이어지는 경우는 그 예가 많지 않다.

뉘하운을 건설한 크리스티안 5세 *Christian V. 1646~1699* 는 1646년에 태어나 24살의 나이인 1670년에 왕위에 올랐다. 1675년에 스웨덴과의 전쟁인 스코네 전쟁을 일으켜 국가의 재정을 어렵게 하였으나, 1683년 덴마크 최초의 법전인 〈단스케 로브〉 *Danske Lov* 등을 편찬하였으며, 1688년에는 토지 등록제를 시행해서 세금제도의 기초를 마련하는 등의 업적을 쌓았다. 특히 과학의 발전과 진흥에 많은 힘을 써서 천문학자 올레 뢰머 *Ole Rømer, 1644~1710* 를 후원하는 등 덴마크 과학의 발전에 적지 않은 공헌을 하였다.

불행하게도 크리스티안 5세는 1699년 8월 사냥하는 도중에 일어난 사고로 사망하고 말았다. 29년 동안 재위하였는데, 그동안 이룩한 대표적인 치적 중의 하나가 바로 이 뉘하운의 건설이었던 것이다. 이 때문인지 뉘하운 가까운 콩겐스 뉘토르 한가운데에는 크리스티안 5세의 동상이 세워져 있다.

**덴마크 미술의 요람, 왕립 미술아카데미**

뉘하운 일대는 항구의 건설에 이어 샤를로텐보르 궁전이 세워지면서 큰 변화를 맞게 되었다. 변두리의 작은 항구에서 왕실 가족이 거주하는 고급 주택지로서 탈바꿈하게 된 것이다.

궁전이 세워진 지금의 장소는 원래 크리스티안 4세 *Christian IV* 가 그

**덴마크 왕립 미술아카데미**
써니 사이드에서 본 뉘하운 남쪽. 예전에는 샤를로텐보르 궁전이었으나 1754년에 덴마크 왕립 미술아카데미가 이곳에 자리를 잡았다. 오늘날 일반인의 관람이 가능한 각종 전시회가 열리고 있다.

의 정부였던 빕케 크루세 _Wiebke Kruse_ 에게 선물한 것이었다. 한데 그녀가 세상을 떠나자 크리스티안 4세와의 사이에서 태어난 아들에게 상속되었고, 다시 프리드리히 3세 _Frederick III_ 의 서자 울리크 프레데릭 귈덴뢰베 _Ulrik Frederik Gyldenløve_ 에게 그 소유권이 넘어갔던 것이다.

크리스티안 5세의 이복형제인 그는, 왕의 허락을 얻어 이 자리에 자신의 저택을 1672년부터 짓기 시작해 1683년에 완공하였다. 네덜란드 바로크 양식으로 건축되었으며 3층짜리 네 개의 건물로 이루어진 호화로운 저택이었다. 그 후 왕비 샤를로테 아말리에 _Charlotte Amalie of Hesse-Kassel, 1650~1714_ 가 1700년에 이 저택을 사들였으며, 여생을 이곳에서 보냈다. 이때부터 그녀의 이름을 따 샤를로텐보르 궁전이라 부르게 된 것이다.

왕비가 사망한 뒤인 1754년, 덴마크 왕립 미술아카데미가 이 궁전에 자리를 잡았다. 그러니까 이곳은 무려 3백 년 가까이 덴마크 미술의 요람 역할을 해온 것이다. 현재 궁전의 대부분은 왕립 미술아카데미의 건물과 부지 등으로 사용되고 있다. 작은 도로를 사이에 두고 뉘하운 항구와 맞닿아 있는 이곳에서는, 오늘날에도 일반인들의 관람이 허용된 각종 미술 전시회가 열리고 있다.

앞에서 설명한 바와 같이, 뉘하운은 바다와 코펜하겐 시내를 연결하는 중요한 역할을 해왔다. 수많은 화물선과 어선들이 이곳에 정박하였으며, 이 항구를 통해 스웨덴 등 외국과의 교역도 활발하게 전개되었던 것이다. 이에 따라 다양한 국적을 가진 여러 인종의 사람들이 이곳을 드나들었는데, 그때마다 적지 않은 사회문제를 일으키기도 했다.

여느 항구와 마찬가지로, 뉘하운 역시 술꾼과 매춘부, 잡상인 등 온갖 인간들이 들끓던 곳이었다. 분주하고 소란스러운 것은 물론, 주먹싸

움이나 칼부림이 자주 일어나고 도박과 사기, 매음 등의 각종 범죄가 공공연하게 행해지곤 했다.

당시 지금의 마가쟁 뒤 노르 백화점 주변의 좁고 어두운 거리들은, 코펜하겐에서 매춘 등의 음란행위로 가장 악명이 높았던 지역이었다. 동화작가 안데르센도 경제적으로 힘들었던 젊은 시절에 이 빈민가 일대에서 몇 년 동안 힘든 시간을 보낸 적이 있었다.

### 오늘의 뉘하운은?

뉘하운은 흔히 운하를 사이에 두고 크게 두 지역으로 나누어진다. 해를 바라보고 있느냐 아니면 등지고 있느냐에 따라 구분되는데, 샤를로텐보르 궁전이 들어선 남쪽 지역은 해를 등지고 있어서 '섀이디 사이드'_Shady Side_ 또는 '샤를로텐보르 사이드'_Charlottenborg Side_라 부른다. 그리고 그 맞은편 다채로운 파스텔 색조의 레스토랑들이 들어선 운하 북쪽 지역은 햇살이 하루 종일 비추고 있어서 '써니 사이드'_Sunny Side_라고 한다.

뉘하운의 이 두 지역은 서로 적지 않은 차이를 보이고 있다. 운하 북쪽인 써니 사이드에는 폭이 좁은 3, 4층 건물들이 어깨를 곧추 세우며 빼곡히 들어서 있다. 그리고 건물들 대부분에는 뉘하운 1번지의 바록_Barock_을 비롯해서 30개 가까운 레스토랑이 활발하게 영업하고 있다. 그렇지만 반대편인 섀이디 사이드에는 4, 5개 정도의 레스토랑만이 있을 뿐이다. 대신 안데르센이 거주했던 하숙집 등을 비롯해서 사무실이나 호텔 등 비교적 다양한 용도의 건물들이 들어서 있다. 건물 외양도 다채롭지 못하며, 관공서 느낌을 주는 단조로운 모습의 건물들도 눈에 띈다. 뉘하운의 초입 왕립 미술아카데미 바로 앞에는 운하 투어를 위한 승선

장이 넓게 자리 잡고 있다.

뉘하운 한가운데에 위치한 뉘하운스브뢴 Nyhavnsbroen은 운하의 남과 북을 연결하는 유일한 다리이다. 1875년에 개통될 당시에는 목조 인도교였으나, 1912년에 현재의 다리로 대체되었다. 66번 시내버스가 이 다리 위를 지나고 있다.

뉘하운 일대에서 가장 오래된 건물은 1681년경에 지어진 뉘하운 9번지의 건물이다. 1681년에 이 건물이 세워졌다고 하니, 샤를로텐보르 궁전(당시에는 울리크 프레데릭 컬덴뢰베의 저택)이 완공되기 2년 전쯤에 지어진 셈이다. 현재 이곳에는 레스토랑 레오노레 크리스틴 Leonore Christine이 성업 중이다.

현재 항구 뉘하운에는 30여 개의 레스토랑이 영업을 하고 있다. 주로 연어와 새우, 청어, 전복 등 해산물 위주의 메뉴를 갖추고 있으며, 버터를 바른 호밀빵 위에 절인 청어 등을 오픈 샌드위치 형태로 올린 덴마크 식 샌드위치 스뫼레브뢰도 다양하게 마련해놓고 있다. 이들 레스토랑은 대부분 오전 11시경에 문을 열며 오후 11시 혹은 자정까지 영업한다. 간혹 업소는 다르지만 같은 내용의 메뉴판을 사용하는 경우가 있는데, 이는 한 주인이 두어 개의 레스토랑을 함께 운영하고 있기 때문이다.

### 뉘하운, 71개의 번지수를 가져

주소체계로 볼 때, 현재 뉘하운은 71개의 번지수를 가지고 있다. 북쪽 써니 사이드는 홀수, 그 반대편 남쪽 새이디 사이드는 짝수 번호로 매겨져 있는데, 뉘하운 1번지는 그 유명한 레스토랑 바톡이다. 그리고 뉘하운 2번지는 샤를로텐보르 재단이 들어있는 건물이며, 3번지는 카페 외레순이, 4번지는 샤를로텐보르 궁전 옆 은행이 들어서 있는 길모퉁이의 건물이다.

또한 5번지는 덴마크 전통식당인 뉘하운스 페르게크로*Nyhavns Færge kro* 그리고 그 옆 7번지는 생뚱맞게도 Hongkong이라는 상호가 Hongkong Night Club이라는 설명과 함께 울긋불긋한 네온사인으로 화려하게 장식되어 있다. 그 옆의 9번지는 앞서 말한 뉘하운에서 가장 오래된 건물인데, 현재 레스토랑 레오노레 크리스틴이 영업 중이다.

뉘하운의 마지막 주소인 71번지에는 고급스러운 '71 뉘하운 호텔'이 위치하고 있다. 원래 이곳에는 19세기 초에 지어진 커다란 창고들이 자리 잡고 있었다. 안데르센이 1834년에 그린 그림에도 호텔 자리에 거대한 창고가 있었던 것으로 나타나는데, 호텔 측에서 1970년에 사들여 대대적으로 보수한 뒤에 그 다음 해부터 영업하기 시작하였던 것이다. 그러니까 호텔 이름 속의 71이라는 숫자는 주소인 동시에 영업을 시작한 해이기도 한 셈이다.

뉘하운의 주소체계는 그동안 적지 않은 변화를 겪었던 것으로 보인다. 안데르센이 거주했던 뉘하운 20번지는 19세기 초 당시에는 280번지였다. 항구 주변에 몰려있던 작고 허름한 건물들이 점차 큰 규모의 건물들에게 흡수되면서, 그만큼 주소수가 줄어든 것으로 짐작된다.

### '안데르센 문학의 현장'

뉘하운은 안데르센이 각별한 애정을 갖고 있었던 곳으로 널리 알려져 있다. 실제로 그는 20년 가까이 이 거리에서 생활하며 걸작 동화들을 창작했다.

안데르센의 삶과 문학에, 뉘하운은 과연 어떤 의미를 가진 장소였을까. 이에 대해 구체적으로 살펴보기로 하자.

안데르센은 1834년 9월에 지금의 뉘하운 20번지로 이사를 왔다. 이사 온 다음해인 1835년 4월 장편소설 〈즉흥시인〉을 발표하여 큰 인기를 얻었으며 소설가로서의 재능을 인정받았다. 특히 그 해 5월에는 최초의 동화집 〈동화, 아이들을 위한. 1집〉을 출간하여 동화작가로서의 역사적인 첫걸음을 내딛게 되었다.

이어 안데르센은 1837년 4월에 명작 동화 〈인어 공주〉와 〈벌거숭이 임금님〉 등을 발표하여 국제적인 동화작가로서의 명성을 얻었다. 그리고 다음해인 1838년 11월에 콩겐스 뉘토르 근처, 지금은 마가쟁 뒤 노르 백화점이 들어선 호텔 뒤 노르로 거처를 옮겼다. 결국 이 뉘하운 20번지에서 4년 2개월여 동안 생활하는 동안에, 걸작 동화를 발표하면서 동화작가로서의 입지를 굳건히 다질 수 있었던 것이다. 따라서 안데르센 개인뿐만 아니라 세계동화의 역사에 있어서도 중요한 의미를 갖는 기념비적인 장소라 할 수 있다.

그 후 안데르센은 스토레 콩겐스가데 49번지, 아말리에가데 37번지 등지에서 생활하였다. 1848년 그는 이곳 써니 사이드에 위치한 뉘하운 67번지로 이사를 했다. 건물 2층의 방 3개를 사용하였는데, 1865년 9월까지 수차례에 걸쳐 단속적(斷續的)으로 이곳에서 거주하였다. 오늘날 이 건물에는 그의 이름을 딴 레스토랑이 운영되고 있다.

그리고 1871년 10월, 말년에 이른 안데르센은 예전에 살던 집 바로 옆인 뉘하운 18번지로 이사하였다. 그리고 이 집과 친분이 두터운 후원자인 멜키오르 집안의 시골 별장을 오가며 지내다가, 나이 70살인 1875

년 8월 4일에 삶을 마감하고 말았다. 그의 마지막 삶의 체취가 배인 곳이라 할 수 있는데, 현재 18번지에는 안데르센 관련 기념점이 들어서 있다.

이처럼 안데르센은, 생애의 많은 시간을 이 뉘하운에서 생활하며 창작에 몰두하였던 것이다. 안데르센은 14살에 무일푼으로 무작정 상경한 뒤 50년 가까이 코펜하겐에서 생활하였다. 그리고 그 오랜 세월 중의 3분의 1 정도를 이 뉘하운에서 거주하며 창작에 몰두하였으니, 안데르센 문학의 산실(産室)이라 해도 결코 무리가 아닌 것이라 할 수 있다.

### 뉘하운에서 동화작가로 데뷔해

일부 안데르센 관련서적에서는, 이 뉘하운을 가리켜 '안데르센이 방세 때문에 세 번씩이나 이사했던 곳'이라 설명하는 경우가 적지 않다. 생활고에 쫓겨서 뉘하운의 이곳저곳으로 하숙집을 옮겼다는 설명인데, 하지만 이는 사실과 전혀 다르다.

안데르센이 뉘하운 20번지로 이사한 것은 그의 나이 29살 때인 1834년 9월이었다. 덴마크 국왕으로부터 후원금을 받아 1년 넘게 독일과 프랑스, 스위스, 이탈리아 등지를 여행하고 귀국한 지 얼마 안 되었을 때였다.

당시 20대 후반이었던 그는 경제적으로 풍족하지는 않았으나, 창작을 위한 최소한의 사회적 기반을 마련해놓고 있었다. 1829년에 소설 〈1828, 1829 홀멘 운하에서 아마게르 섬 동쪽 끝까지의 도보 여행기〉를 발표하여 문학적 재능을 인정받았으며, 극본 〈성 니콜라스 탑 위의 사랑〉이 그토록 소망하던 왕립극장에서 공연되기도 했다. 그리고 1830년

**뉘하운 18번지와 20번지**

안데르센이 살던 집이다. 왼쪽의 뉘하운 20번지에서 안데르센은 〈인어 공주〉, 〈벌거벗은 임금님〉 등 초기 대표작을 완성하였으며, 오른쪽 뉘하운 18번지에서 〈치통 아줌마〉, 〈늙은 요한나의 이야기〉 등 말년의 동화를 집필하였다.

**뉘하운 67번지**

안데르센은 1848년에 써니 사이드에 위치한 뉘하운 67번지로 이사했다. 건물 2층의 방 3개를 사용하였으며, 1865년 9월까지 몇 차례에 걸쳐 들락날락하며 거주했다. 현재 그의 이름을 딴 레스토랑이 운영되고 있다.

겨울에는 비록 혹평을 받았지만 시집 〈공상과 스케치〉를 발표하여, 다양한 장르를 통해 자신의 재능을 활발하게 발휘하고 있었던 것이다.

오히려 그는 이곳 20번지에서 생활하는 동안 경제적인 기반을 탄탄히 하는 중요한 계기를 맞았다. 1837년 4월에 오늘날에도 널리 읽히는 동화 〈인어 공주〉와 〈벌거숭이 임금님〉 등을 발표하여 동화작가로서 기반을 확고히 하였다. 그리고 독일과 스웨덴 등지에서도 뛰어난 동화작가로 인정받아 국제적인 명성을 얻기도 했다. 게다가 다음해에는 덴마크 국왕으로부터 문학 장학금까지 받게 되어, 생활의 안정을 누릴 수 있게 되었다. 따라서 생활고 때문에 이 집 저 집 옮겨 다니며 살았다는 일부의 설명은 분명 잘못된 것이라 하겠다.

**평생 남의 집에 세 들어 산 안데르센**

안데르센은 자신의 이름으로 된 집을 한 번도 소유한 적이 없었다. 평생 남의 집에서 하숙을 하거나 호텔 등지에서 거주하였다. 다른 사람 소유의 집에서 방 2개 혹은 3개를 빌려 쓰며, 아침 식사와 세탁, 청소, 소소한 심부름 등을 도움 받는 식이었다. 뉘하운의 경우, 안데르센은 20번지의 집 2층에서 방 2개를 사용하였으며, 67번지의 집에서는 2층의 방 3개를, 그리고 18번지에서 1층의 방 3개를 임대해 생활하였다.

그렇다면 안데르센은 왜 평생토록 자신의 집을 갖지 않았으며, 남의 집에서 하숙을 하며 생활하였던 것일까. 일부에서 설명하는 것과는 달리, 경제적인 이유 때문이 아닌 것이 분명하다. 그는 70세의 나이로 세상을 떠났을 때 적지 않은 돈을 유산으로 남겼다. 그리고 나이

마흔 이후에는 자서전 등에 경제적인 어려움을 호소하는 경우를 거의 찾아볼 수가 없다.

사실 안데르센의 삶을 꼼꼼히 살펴보면, 그가 굳이 저택을 소유해야 할 이유를 발견하기 힘들다. 그는 평생 동안 결혼하지 않았으며 혼자 지냈다. 정원 가꾸기나 애완견 기르기 등에도 관심이 없었다. 오직 창작활동에만 몰두했기 때문에, 창작을 위한 최소한의 공간만으로도 '일상생활의 만족'을 충분히 누릴 수 있었던 것이다.

안데르센은 누구보다 여행을 좋아하였다. '트렁크 없이는 살 수 없었다'라는 자신의 말처럼 수개월씩 소요되는 장기간의 해외여행을 자주 하였다. 동쪽으로는 터키, 그리스에서부터 서쪽으로는 포르투갈 그리고 아프리카의 모로코 등에 이르기까지, 무려 29회에 걸쳐 장기간의 외국여행을 하였던 것이다. 〈해저 2만리〉, 〈80일간의 세계 일주〉 등을 쓴 프랑스의 소설가 쥘 베른과 더불어 여행을 가장 많이 한 19세기의 대표적인 작가로 할 수 있다.

특히 1831년의 독일 여행, 1833년의 이탈리아 여행 등은 그가 작가로서 데뷔하는 데에 절대적인 도움이 되었다. 이 때문에 그는 자서전 등에서 여행이 자신의 삶과 문학에 중요한 자양분 역할을 하였다는 점을 누누이 밝히고 있는 것이다.

그리고 안데르센은 덴마크 국내에 머물 때에도 집을 오랫 동안 비우는 경우가 많았다. 집필을 위해 지방에 있는 지인의 저택이나 별장 등에 머물곤 했다. 그가 마지막 숨을 거둔 곳 역시 코펜하겐 근교에 있는 후원자 멜키오르 집안의 별장이었다.

이처럼 안데르센의 입장에서는 굳이 자신의 집을 소유해야할 이유가 없었던 것이다. 오히려 집을 구입하지 않는 것이야말로 현명하면서도 실리적인 결정이었을 수 있다. 또한 그는 옆에서 살림을 돌봐주는 가정부조차 두지 않았다. 남의 집에서 방 2개 혹은 3개를 빌려 생활하면서, 입맛에 맞는 간단한 아침 식사와 청소, 빨래, 심부름 등등의 소소한 편의를 제공받으면 그것으로 족했던 것이다. 안데르센이 호텔에서 오랜 기간 생활한 이유도 바로 이 때문이었다.

### 안데르센 최적의 장소, 뉘하운

수십 년 생활했다는 사실에서 짐작할 수 있듯이, 안데르센은 뉘하운에서의 생활에 지극히 만족했던 것으로 보인다. 실제로 지금의 뉘하운 20번지로 이사 온 1834년 9월 이후 그에게는 좋은 일이 계속 일어났다.

이사 온 지 수 개월 뒤인 1835년 4월에 소설 〈즉흥시인〉을 출판하여 독자들로부터 사랑을 받았으며, 그해 5월에는 첫 번째 동화집 〈동화, 아이들을 위한. 1집〉을 출간해서 동화작가로서의 길을 본격적으로 걷기 시작했다. 그리고 1837년 4월에는 명작 동화 〈인어 공주〉와 〈벌거숭이 임금님〉 등을 발표하여 국제적인 명성까지 얻게 되었다. 그리고 국왕의 후원금까지 받게 되면서 경제적으로도 한결 안정되었다.

이 같은 좋은 결과가 의미하듯이, 뉘하운은 안데르센이 남의 방해를 받지 않고 창작활동에 전념할 수 있는 좋은 여건을 두루 갖춘 곳이라 할 수 있었다. 따라서 안데르센 입장에서는, 이곳에서의 생활이 어느 곳보다 만족스러웠으며, 굳이 뉘하운을 떠나 다른 곳에 자리 잡아야 할 이유가 없었던 것이다.

안데르센은 또한 현실적이고 실리적인 이유에서도 가능한 한 이 뉘하운을 떠나려 하지 않았을 것이다. 그는 한때 연극배우가 되고자 열망하였으며, 연극과 무용 등 공연예술 관람을 무척 좋아했다. 덴마크 왕립극장과 뉘하운은 사실상 붙어있다고 해도 좋을 정도로 가까운 거리에 있다. 따라서 안데르센은 왕립극장과의 거리를 고려해서라도 뉘하운을 쉽게 떠나려 하지 않았던 게 분명하다.

또한 '평생의 은인' 요나스 콜린의 집도 크게 고려되었을 것이다. 왕립극장 단장인 그의 집은 스토어 스트란스트레데 3번지에 있었는데, 뉘하운 초입에서 대문이 빤히 보일 정도로 가까운 곳이다. 따라서 안데르센이 뉘하운 20번지의 집을 나와 부지런히 걷는다면 불과 몇 분 만에 요나스 콜린의 집 대문을 넘어설 수 있었을 것이다.

안데르센과 요나스 콜린의 가족은 무척 친밀하게 지냈다. 1주일에도 몇 번씩 방문하였으며, 함께 식사하는 경우도 잦았다. 요나스 콜린의 아내가 세상을 떠날 때에는, 임종의 자리에 불려갈 정도로 사실상 한 식구나 다름없었다.

이처럼 안데르센에게 가장 중요한 장소인 왕립극장과 요나스 콜린의 집 모두 뉘하운에서 얼마 걸리지 않는 가까운 거리에 있었던 것이다. 따라서 안데르센으로서는 생활의 편리를 위해서도 뉘하운에서 계속 머물 수밖에 없었던 것이다.

결국 이 뉘하운은 안데르센에게는 최적의 장소였던 것이다. 문학적인 상상력을 끊임없이 불어 넣어주는 한편 일상생활의 편리함까지 가져다주는, 그런 완벽한 조건을 갖고 있던 이상적인 장소였던 것이다.

**인데르하운스브로엔**
새로 생긴 다리 인데르하운스브로엔에서 본 뉘하운 일대이다.
연극 전문공연장인 스퀘스필후세가 지역의 랜드마크로 자리 잡아가고 있다.

### 뉘하운에 새 바람이 분다

최근 들어, 항구 뉘하운에 새로운 변화의 바람이 불고 있다. 특히 21세기에 들어서면서 뉘하운의 북쪽 써니 사이드 지역을 중심으로 큰 변화가 일어나고 있다.

2008년 왕립극장의 한 공연장인 스쾌스필후세*Skuespilhuset*가 들어선 후, 스토레 스트란드스트라데, 릴리 스트란드스트라데 등 뉘하운 북쪽 거리에 새로운 감각의 레스토랑과 카페, 의상실 등 고급 상점들이 하루가 다르게 들어서고 있다. 덴마크어 Store는 영어로 Large, Lille는 Small을 뜻한다.

그리고 해안가 가까운 톨드보드가데*Toldbodgade*, 크뵈스터가스가데 *Kvæsthusgade* 등의 거리에는 낡고 오래된 대형 창고들을 개조한 특색 있는 고급 호텔들이 들어서면서 항구 뉘하운 전체의 분위기가 현대적이고 고급화된 번화가로 새롭게 변모하고 있다. 지난 수세기 동안 이어져온 뱃사람과 서민을 위한 거리에서, 예술애호가와 외국 관광객을 위한 지역으로 탈바꿈하고 있는 것이다.

특히 650석 규모를 가진 덴마크 왕립극장의 한 공연장인 스쾌스필후세의 개관은 매우 의미가 크다고 할 수 있다. 먹고 마시는 유흥가로 전락할 수 있는 이 뉘하운을, 안데르센 문학의 산실과 수백 년 덴마크 미술을 이끌어온 덴마크 왕립 미술 아카데미가 있는 '코펜하겐 최고의 문화예술의 거리'로 확고하게 자리매김해주기 때문이다.

### '키싱 브리지' 인데르하운스브로엔

2016년 7월, 뉘하운의 동쪽 해안가에 다리 인데르하운스브로엔*Ind*

*erhavnsbroen*이 개통되었다. 시공사가 경제적으로 어려움을 겪는 등 몇 년 동안의 우여곡절 끝에, 많은 사람들이 기대하고 있던 새로운 다리가 마침내 모습을 드러낸 것이다.

인데르하운스브로엔은 뉘하운과 크리스티안하운 지역을 연결하는 다리이다. '크리스티안하운' *Christianshavn*은 오페라 하우스, 구세주 교회, 히피와 예술가들이 모여 자유롭게 사는 프리타운 크리스티아니아 *Christiania* 등이 있는 코펜하겐의 동쪽 지역을 가리킨다. 시내 중심지에서 이들 지역으로 가려면, 예전에는 슬로츠홀멘에 들어서서 크니펠 다리 *Knippelsbro*를 건너야 했지만, 이 다리가 개통되면서 뉘하운에서 직접 그 지역으로 들어설 수 있게 된 것이다. 이 때문에 뉘하운을 찾는 사람들은 보다 편하게 그동안 좀처럼 가보기 힘들었던 코펜하겐의 구석구석까지 구경할 수 있게 되었다.

이 인데르하운스브로엔은 흔히 '키싱 브리지' *Kissing Bridge*라 불리기도 한다. 180미터에 달하는 이 다리의 구조가, 마치 연인들이 키스를 나눌 때와 같은 묘한 형태를 하고 있기 때문이다.

인데르하운스브로엔은 보행자 전용의 다리이다. 그렇지만 중앙을 기준으로 양쪽으로 나누어, 한쪽은 자전거 전용도로로 다른 쪽은 보행자 전용도로로 이용되고 있어, 다리를 건널 때마다 독특한 느낌을 갖게 한다. 코펜하겐이 '자전거의 천국'이라는 사실을 다시 실감하게 되는 현장이기도 한다.

머지않아 인데르하운스브로엔은 코펜하겐의 새로운 명소로서 떠오를 것이다. 이미 많은 사람들이 이 다리 위에 올라 자기들만의 추억 만들기에 여념이 없다. 필자 역시 이른 아침마다, 맑고 청량한 바닷바람

속에서 이 인데르하운스브로엔 위를 걷는 산책을 무척 즐기고 있다.
    코펜하겐은 바다의 정취를 만끽할 수 있는 도시이다. 파리와 프라하도 갖지 못하는, 코펜하겐에서만 누릴 수 있는 '신바람 나는' 혜택이 아니겠는가.

**크리스티안하운에서 바라본 풍경**
인데르하운스브로엔 가까운 크리스티안하운 지역에서
코펜하겐 시내를 바라보았다.
아침산책을 즐기기에 더없이 좋은 곳이다.

### 참고한 책

**〈덴마크〉,**
모르텐 스트랑예, 조혜정 번역, 휘슬러, 2005.06.20

**〈안데르센 동화전집 Ⅰ, Ⅱ〉**
안데르센, 곽복록 번역, 동서문화사, 2015.12.12

**〈안데르센 자서전〉**
안데르센, 이경식 번역, 휴먼앤북스, 2012.03.05

**〈안데르센 평전〉**
재키 울슐라거, 전선화 번역, 미래 M&B, 2006.07.31

**〈안데르센과 함께 코펜하겐을 산책하다〉**
울리히 존넨베르크, 김수은 번역, 갑인공방, 2005.04.02

### 참고 웹사이트

http://andersen.sdu.dk/
http://hca.gilead.org.il/
http://www.aesopfables.com/aesophca.html
http://visitandersen.com/
https://www.andersenstories.com/
https://www.danishnet.com/culture/hans-christian-andersen/